KB131383

베를린에서 만난
서울과 평양

손안의 통일 ⑮

베를린에서 만난 서울과 평양

: (탈)분단 도시의 열망 이야기

정진헌 지음

통일부
국립통일교육원

이 책은 국립통일교육원과 열린책들이
함께 기획 · 제작했습니다.
손안의 통일

일러두기
• 이 책은 평화·통일 교육 참고 자료로 활용하기 위해 외부 전문가에 의해 제작된 것으로,
통일부의 공식 견해가 아님을 밝힙니다.
• 본문 중 일부는 2020년 한국콘텐츠진흥원의 「길 위의 인문학 인문교육콘텐츠 개발
지원」 사업에 선정되어 작성한 내용과 필자 공저인 『독일 한인이주여성의 초국적 삶과
정체성』(2021)의 이론 부분을 수정 보완하여 수록하였음을 밝힙니다.

이 책은 실로 꿰매어 제본하는 정통적인 사철 방식으로 만들어졌습니다.
사철 방식으로 제본된 책은 오랫동안 보관해도 손상되지 않습니다.

이 책은 친환경 인증 용지에 콩기름 잉크로 인쇄했습니다.
표지 유니트 화이트 209g/m² **본문** 친환경미색지 95g/m² **면지** 뉴칼라 68 차콜색 128g/m²

어느덧 찬바람이 느껴지는 12월입니다. 시간은 정직하게 흘러 올해도 어김없이 북한산 자락에 겨울이 찾아왔습니다. 움츠러드는 우리들의 마음을 따뜻하게 녹여 줄 소식들이 어서 찾아오기를 기다리지만, 팬데믹은 여전히 지속되고 있습니다. 그래도 마른 풀 시든 꽃 사이에서 새싹이 움트듯 언젠가는 일상으로 돌아가리라는 희망을 간직하고 있습니다.

지금 세계는 인류사적 대전환기에 직면해 있습니다. 코로나19로 인해 그 방향성과 속도를 예측하기가 더욱 어려워졌습니다. 시시각각 소용돌이치는 불안정한 국제정세를 지켜보며, 평화·통일 교육에 몸담은 입장에서 일상의 평화에 대해 생각해 보게 됩니다.

코로나 팬데믹 이전 우리가 누리던 일상은 과연 〈진정〉 평화로운 일상이었을까요? 우리는 분단 70여 년을 살아오면서 민주주의와 경제 성장, 문화 부흥 등 많은 것을 이루었지만, 이러한 성장 동력을 지속적으로 유지하고 희망찬 미래를 건설하기 위해서는 좀 더 〈완전한 평화〉가 필요합니다.

한반도의 완전한 평화와 항구한 번영을 염원하는 마음으로 올해도 〈손안의 통일〉 시리즈를 발간합니다. 이번 〈손안의 통일〉 역시 인문학적 관점에서 평화·통일을 생각해 볼 수 있도록 생태·여행·영화 등 우리의 삶과 밀접한 주제를 선정했습니다. 이 작은 책이 여러분 삶의 자리 가까운 곳에서 끊임없이 통일에 대해 일깨우고, 평화를 염원하며 창조적 미래를 꿈꾸게 하는 길잡이가 되길 바랍니다.

평화로운 한반도에 대한 상상과 희망이 끊어지지 않고 계속해서 이어진다면, 언젠가 우리는 그 길을 따라 그곳에 도달할 수 있을 것입니다. 〈손안의 통일〉이 그 길을 밝힐 수 있는 길잡이가 되기를 바랍니다. 경험해 보지 못했던 지난 2년의 길고 단절된 차가운 시간이 언젠가 끝나리라는 희망처럼, 이 책을 읽는 독자들의 마음에 진정한 평화·통일을 향한 희망이 굳건하게 자리 잡기를 바랍니다.

감사합니다.

2021년 12월

국립통일교육원장 백준기

탈경계 감수성

한국은 지난 70여 년 동안 섬나라나 마찬가지였다. 대륙과 해양을 잇는 반도이지만, 육로로는 다른 나라에 갈 수 없다. 비행기나 배를 타야 다른 나라에 갈 수 있다. 분단의 비극이 다. 남북한 사이의 휴전선은 현존하는 그 어떤 국경선보다 높다. 최근 미국과 멕시코 사이에 견고하게 세워진 국경 장 벽도 서로 오가는 관문들이 있다. 과거 〈철의 장막〉이라 불 리던 동서독 장벽 역시 휴전선에 비할 바가 못 될 정도로 소 통과 교류가 빈번했다. 하지만 한반도 남북의 육지 국경선 은 삼엄하다.

　세상의 많은 사람들이 자신의 고향이나 국가를 떠나 보 지 않고 살아가는 경우가 많지만, 그것이 선택인 경우와 그 렇지 않은 경우는 다르다. 물리적 경계border에 대한 인식이 다르게 형성된다. 그리고 그 물리적 경계가 이데올로기와 문화적 정체성을 규제한다면 더더욱 독특한 감정을 내면화시킨다. 물리적 분단은 감정의 경계를 만든다.

베를린이 동서로 나뉘었을 때, 서베를린도 사회주의 동독에 둘러싸인 고도(孤島)였다. 미국과 영국, 프랑스 연합군이 점령하고 분할 통치했지만 소련과의 긴장으로 1961년에는 전쟁 분위기도 감돌았다. 공산주의 소련 통치하에 살고 싶지 않았던 동독인 4백여 만 명이 서독으로 계속 탈출하자 서독으로 이어졌던 도로들이 막혔다. 미국의 존 F. 케네디 대통령이 소련의 니키타 흐루쇼프 서기장과 정상회담을 통해 긴장 해소를 도모했지만 실패로 돌아갔다. 대신 소련이 점령했던 동독에서의 탈출을 막기 위해 베를린시에는 장벽이 세워지고, 서독과의 경계선에도 가시철망이 설치됐다. 그렇게 몇 겹의 장애물을 통해 시민들의 이탈을 막으려했다. 〈철의 장막〉이 드리워진 것이다.

1961년부터 1989년 베를린 장벽이 무너질 때까지 약 140여명이 장벽을 넘다 총격이나 사고로 목숨을 잃었다. 하수도 시설과 전철 선로는 연결되어 있었지만 사람들은 더 이상 쉽게 오고갈 수 없었다. 서베를린은 그렇게 고립된 섬이 되었다. 하지만 미국을 중심으로 한 서방연합군은 서베를린을 포기하지 않았고, 사민당의 빌리 브란트 Willy Brandt 수상이

1969년 취임하면서 추진한 동방 정책Ostpolitik을 계기로 서베를린은 다시 동독과 연결되고, 동베를린으로의 방문도 보다 자유로워졌다. 외로운 섬에서 동-서를 잇고, 냉전 체제를 해체하는 교두보가 된 것이다.

파독 광부와 간호사가 독일에 도착한 시기는 바로 이런 위기와 격변의 시기였다. 또 다른 냉전 전선이 그어진 아시아의 분단국 한국은 내전으로 인해 제2차 세계 대전의 패전국이었던 독일보다 더 처참하게 부서진 상태였고, 더욱 가난했고 상처도 깊었다. 전쟁에서 살아남은 한국의 청년 가장들은 이미 냉전에서 공존으로 이행하며 경제적으로 급성장하고 있는 독일에서 한국과 다른 성격의 냉전과 분단을 경험하게 된다. 청년 광부들은 분단선과 먼 광산 지역에 주로 배치되어 서독의 경제 부흥은 물론 한국의 경제 재건에 기여했다. 지하 1천 미터 아래 막장의 어둠 속에서 탄을 캐며 번 돈을 고국으로 송금했다. 간호사들 또한 서베를린에서 일하며 동서독 분단을 몸소 체험했다.

나는 2009년에 괴팅겐에 위치한 막스플랑크 종교와 민족다양성 연구원의 종교다양성학과에서 임용 제의를 받아 독일 땅을 밟았다. 그리고 현지에 살고 있던 간호사 출신 교민들을 만났고, 차차 다른 지역의 한인 이주민들도 알게 되

11

었다. 박사 논문 주제로 북한이탈주민들의 기독교와의 조우와 개종 문제를 다루었기에, 그에 대한 연장선상에서 냉전, 분단, 이주-난민과 종교, (후기)사회주의, 근대화와 세속화 등을 주제로 다양한 지역 전문가들과 비교연구를 진행했다. 자연스럽게 재독 한인들의 경험과 생애에도 관심을 가지게 되었다. 개인적으로 알게 된 분들의 경험담도 듣고, 다양한 행사와 활동에도 기회가 허락하는 선에서 참여하며 재독 한인들의 삶을 이해하고자 했다. 그러한 때에 나는 아래와 같은 시를 써서 발표하기도 했다.

그 무렵에 대한 단상

한때 일리노이 인디언이 살았다는
아메리카 평원을 떠나
구릉과 언덕 넘실대는 잘 키운 숲의 나라
독일 어디메쯤 흘러 들어왔네
어머니는 내 나이에 홀로 자식 일곱을 키우셨지
그때 교회는 가난한 자의 편이 아니었네
모두가 가난했기에, 더 가난한 자들은 잊혀졌네

그 무렵 더 가난한 남한 사내들은 독일 땅 더 깊은 지하로 보내졌네

장화 속 발이 붇고 곰팡이가 피어야 휴식을 허락한 지하 천 미터 아래 어둠

석탄의 양이 늘어날수록 땅 위의 나무들은 더 이상 베어지지 않았네

더 가난한 북녘 사내들은 러시아 숲을 베었다고 하네

그들 몇은 남한으로 넘어가 영웅이 되고,

독일 땅 남한 사내 몇은 빨갱이로 몰려 송환되기도 했다네

그때 국가는 가난한 자의 편이 아니었네

서로가 강해지려 했기에, 더 강해지려는 가난한 자들은 베어졌네

그 무렵 노란 천사의 남한 처녀들이 왔다네

천사들은 사람의 살결과 말없이 친해지도록 먼저 시체실로 보내졌다네

꽃다운 시절 삼년만 지내려다 삼십 년 흐르고, 흐를수록

가난했던 고향의 가족들은 더 이상 독일발 우편환을 기다리지 않게 되었네

아, 그 무렵 가난한 자들의 사랑도 애틋하여

잊혀지고 베어진 상처 그 무렵 얘기로 아문다고 하네

(『빛과 숲』, 2013년 발표)

    독일의 분단과 통일은 독일 사람들과 국제 질서에 미친 영향 이상으로, 또 다른 분단국 한국에서 온 이주민들의 삶에도 큰 영향을 미쳤다. 특히 동서로 나뉘었던 베를린은 재독 한인사와 한국사에 중요한 페이지를 장식했다. 그중 하나가 바로 1967년에 있었던 동백림 사건이다.

    위 시 구절에도 잠시 나오듯, 당시 유럽에 거주하고 있던 예술인과 유학생 및 노동자들이 동베를린(동백림)에 위치한 북한 대사관을 방문하고, 심지어 방북 및 간첩 활동 등의 이적 행위를 했다는 죄목으로 남측 정보 요원들에 의해 강제 송환되어 구금되는 일이 벌어졌다. 이 사건은 서독의 입장에서 보면 심각한 국제법 위반이며 인권 침해 행위였다. 더욱이 윤이상이라고 하는 한국 출신의 유능한 음악인이 정치적 박해를 받는 희생자가 된 데 대해 독일 언론과 시민들은 물론 세계 예술인들이 분노했다. 프랑크푸르트대학교의 연구원이었던 정규명 박사의 납치에 대해 교수들이 항의했고, 튀빙겐대학교 경제학도였던 최정규 씨를 구하고자 동료 학생들이 가두시위를 벌이며 소위 독일 내 〈68운동〉의 한 축이 되기도 했다.

동백림 사건이 벌어지던 시기는 위에서도 약술했듯, 서독이 동방 정책을 펼치기 시작할 무렵이었다. 할슈타인 원칙에 준해 적대적으로 대했던 동독을 정상적인 이웃 국가로 여기며 냉전 체제를 허물고자 노력하던 시기였던 것이다. 그렇다면 현지에 적응 중인 한인 이주민들도 이러한 탈냉전 분위기가 한반도에도 적용될 것이라 예견했을까? 아마 동족상잔의 전쟁을 통해 재분단이 되었지만 남북한 경계도 동서독처럼 보다 유연하게 될 거라 여겼을지도 모른다. 그러나 군사독재 치하의 한국 정부는 그러한 재유럽 동포들의 초국적 경험과 기대를 인정하지 않았다. 그리하여 독일 현지에서 벌어지고 있던 세계사적 변화에 찬물을 끼얹는 반인권적 국가폭력을 휘둘렀던 것이다.

따라서 우리에게는 독일의 베를린이 아니라 한인들이 경험한 베를린을 통해 그동안 우리 안에 내재했던 역사적·정서적 경계를 해체하는 성찰이 필요하다. 담론이나 상상이 아니라 초국적 삶과 경험에서부터 비롯된 성찰이다. 여기서는 그러한 인식론적 변화를 〈탈경계 감수성〉이라 부를 것이다.

탈경계 감수성은 성찰의 과정이자 산물이며, 삶의 여정

이고 스토리이다. 또 다른 성격의 경계들을 경험하며, 자신 안에 있던 경계를 넘어서고, 경계로 나뉜 공간들을 품어 가는 자유의 과정이다. 정체성과 관점을 새롭게 만들어 가는 길이다. 흔히들 경계를 〈선(線)〉으로 인식한다. 하지만 경계는 확장되기도 하는 〈면(面)〉이고 〈차원〉일 수 있다. 그것은 물리적인 성격을 가지지만, 마음이나 감각처럼 눈에 보이지 않는 영역이기도 하다.

그래서 탈경계 뒤에 감수성을 붙였다. 감수성은 〈외부 세계의 자극을 받아들이고 느끼는 성질〉로 정의된다. 비슷한 용어인 감성은 〈자극이나 자극의 변화를 느끼는 성질〉의 의미를 지니기에 문맥에 따라 번갈아 사용할 수도 있다. 영어로는 sensibility라고 표현할 수 있으나, 보다 포괄적인 의미를 내포하기 위해 feeling이라고 번역해도 좋겠다. 그러나 하나의 용어로 고정하는 것은 탈경계를 묘사하는 데에는 적합하지 않다. 그래서 스토리를 통해, 삶의 이야기를 통해 중층 기술하고 공감하고자 한다.

이 책의 주인공들은 독일에 거주했거나 현재 거주하고 있는 한인계 교포들과 독일인 한국 유학생이다. 독일에 거주하는 한인 이주민 규모는 약 4만 5천 명이다. 전 세계 한인 디아스포라(본토를 떠나 타국에서 살아가는 공동체 집단)

의 규모가 약 750만 명인데, 그중 8할이 미국과 중국, 일본 과 캐나다 등 북미와 아시아에 거주한다. 재독 한인은 그에 비하면 적은 숫자이다. 하지만 유럽 냉전의 전선이 독일이 었음을 감안할 필요가 있다. 아시아 냉전의 전선인 한반도 와의 지정학적 유사성으로 인해 재독 동포들의 경험은 늘 독특하게 여겨졌다. 전후 국가 재건 시기에 고국의 경제 부 흥을 위해 기꺼이 파독 광부, 간호사가 되어 이역만리 떠나 왔다는 사연만으로도 주목을 받는다.

물론 모든 재독 한인들이 광부나 간호사로 이주해 온 건 아니다. 직업과 사연도 다양한 재독 한인들이 존재했다. 그 들은 동서독 분단에서 통일 독일로 변화된 민족-국가를 또 다른 분단국가에서 온 이주민으로서 체험했다. 언어로 본 다면 같은 분단과 같은 냉전이지만, 그 배경과 성격에서 차 이가 크다. 유럽과 아시아의 전혀 다른 역사적 배경도 그렇 지만, 냉전 체제와 문화 면에서 유럽/독일과 아시아/한국 사이의 간극은 컸다.

그렇다면, 이주민들은 그 다름을 어떻게 경험하고, 해석 하며 저마다의 정체성을 형성해 갔을까? 한편 2019년 베를 린 장벽 붕괴 30주년, 2020년 독일 통일 30주년을 이미 지 나친 이들의 경험과 의견은, 여전히 분단 문제와 씨름하고 있는 한반도에 어떤 교훈을 전할 수 있을까? 이 책은 독일과 한국이라는 공간과, 분단과 통일이라는 역사적 시간을 넘나들며 저마다의 탈경계 감수성을 만들었던 초국가적 생애에 대한 민족지ethnography이다. 이 작은 기록을 통해 독자들이 그러한 물음에 답을 찾아갈 수 있길 바란다.

차례

1장

분단과 통일의 연대기

1. 이주와 정체성, 그리고 열망

인간의 역사는 〈이주의 역사〉이다. 인류는 삶의 터전을 바꾸며 영토를 확장하고 문명을 전파했다. 정주dwelling와 이주 crossing는 인류사에 공존하는 속성이다.

이동과 이주는 근대적 사회 형성과 더불어 국가 단위로 범위가 확장되기 시작했다. 제2차 세계 대전 이후에는 빠른 산업화와 교통 인프라 및 통신 발달에 따라 자본과 상품의 이동이 대규모로 진행되었고, 그만큼 사람의 이동도 속도와 규모 면에서 이전과 확연히 구별되었다. 이 현상은 냉전 체제가 해체된 1990년대 초 이후에 보다 두드러졌고, 이러한 근현대적 이주 현상을 우리는 전지구화 또는 세계화 globalization라고 부른다.

전지구화 현상인 이주는 서로 다른 문화 간의 접촉을 동반한다. 이주민은 집단으로서나 개인으로서나 자신의 몸과 마음에 배어 있는 문화의 주체로 낯선 문화와 협상하며 살아간다. 이러한 문화 간 만남은 같은 성분의 물처럼 자연스럽게 섞이지 않고, 대개는 역동적인 변화의 과정을 겪는다. 기대, 공포, 당혹스러움, 오해와 이해, 포기 또는 수용, 융합과 어정쩡함 등의 감정과 이성이 교차적으로 작동하는 소통의 과정이 이주민 개인들의 초국가적 일상이다. 이주민 문화는 물리적 공간과 시간의 씨줄·날줄이 다양하고 중첩적으로 엮이는 혼종성hybridity을 띠고 있다.

이주민들의 정체성과 시민권 논의에서 유의미한 혼종성 개념은 호미 바바의 탈식민주의 연구에서 기인한다(Homi Bhabha, 1978). 에드워드 사이드의 『오리엔탈리즘 Orientalism』(1978)이 서양 중심의 세계관으로 동양이 규정된 식민주의 시대를 신랄하게 비판했다면, 호미 바바는 그 식민주의 세계관이 일방적으로 피식민 사회에 그대로 이식되어 실현되기보다는 현지화되는 과정에서 저항과 모방 등으로 재구성된다는 역동성을 강조했다. 이것은 피식민지 주체들의 자주성에 대한 인식을 높여 주었다. 그리고 근현대 전지구화 시대의 이주는 이러한 식민주의 역사와 무관하지 않음을 주장해 왔다.

유럽의 선진국들은 세계 대전 이후 급격한 산업화에 필요한 노동 인력을 구식민지 국가나 인근 비유럽 사회로부터 들여왔다. 직접적인 식민지 경험과는 무관하게 서구 유럽을 중심으로 한 권력과 문명의 서열화는 전 세계로 전파되었다. 이는 비단 무력에 의해서만이 아니라, 지식이나 기술, 음식, 의복, 종교, 음악, 미술, 패션 스타일 등의 물질적·비물질적 문화 요소들을 통해 파급력을 발휘했다. 하지만 문화 전파가 일방향적으로 이루어진 것은 아니다. 문화는 자본주의 시장의 확대 과정에서뿐 아니라, 다방향의 전파력을 가진 사람들의 직접적인 이동과 교류로 퍼져 나갔다. 서구 중심의 문화가 지배적으로 전파된 것은 사실이나, 서구 시민들도 타문화를 선별적으로 수용하기도 하고, 서구로 이주한 이주민 공동체가 영토화territorialization되면서 다문화 현상이 가속화되기도 했다.

그러나 다양한 문화들이 물리적 공간에 공존하는 현상만이 다문화라고 볼 수는 없으며, 문화 간 공존이 늘 평등한 것도 아니다. 유럽의 어느 도시에 타문화의 상징들과 이질적인 공동체가 성장하는 과정에는 주체들의 적극적인 자기표현과 주장, 다시 말해 확고한 정체성의 구현이 뒤따르기 마련이다. 이를 문화적 시민권cultural citizenship이라고 부른다(Ong, 1996 참조). 즉, 한 국가는 그 영토 안에 사는 국민들에게 소속감에 필요한 내용을 규정하고 요구하는데, 구성원들은 종종 그런 국가 체제의 요구와 경쟁·협상하면서 자신들의 문화적 행위와 신념들을 만들어 간다. 따라서 개인이나 공동체 차원에서 국가의 요구에 따라 소속감과 정체성이 만들어지거나being made 혹은 스스로 만들어 가는 self-making 과정을 문화적 시민권이라고 한다. 이 때문에 이 주민들의 문화적 정체성은 체류국의 주류 문화와 자신들에게 익숙한 본국의 문화 사이에서 끊임없이 만들어지고 재현되고 재구성된다. 그러다 보면 종종 자신들이 떠나온 고향의 변화보다 느리거나 심지어 멈추는 경향도 있고, 영역이나 상황에 따라 유리한 문화적 코드를 선택하기도 한다. 이렇게 한 공동체와 개인의 문화적 정체성의 변화에는 물리적 이동과 영토화 등의 공간적 개념뿐 아니라, 문화의 시간적 속성 역시 고려될 필요가 있다.

문화라는 개념을 광의적 의미에서 이해한다면, 인간을 자연과 구별되게 하는 특성 전체라고 할 수 있다. 인류학에서는 일단 에드워드 테일러Edward B. Tylor가 19세기에 정의한 내용에 따라 〈지식, 믿음, 예술, 법, 도덕률, 관습과 사람이 사회 구성원으로서 습득해야 할 기타 모든 능력과 습관들을 모두 포함한 총체)를 문화라고 한다. 물론 이러한 문화의 정의는 고정적이지 않다. 문화 자체는 생물학적으로 타고나는 것이 아니라 학습과 경험에 의해 습득되는 것이다. 외부와의 접촉으로 변화되는 유동적인 영역이므로, 이러한 정의 역시 제한적일 수밖에 없다. 하지만 기본적으로 삶의 과정을 통해 습득된 문화적 양식, 다시 말해 알아차릴 필요도 없이 몸에 배어 있는 행동 양식이라는 특성을 고려하면, 문화라는 개념에 내재된 시간성은 특히 과거 중심의 속성을 지닌다고 볼 수 있다.

식민지 시대는 물론이고 다문화 사회 맥락에서도 서구 문화를 중심으로 비서구 사회의 문화를 구시대적인 것으로 타자화하는 주류 사회의 대중적 인식과 관점이 존재하는 이유가 여기에 있다. 탈종교화된 유럽의 근대 도시 지형에 등장한 무슬림 이주민들의 종교 건물과 의복 등에 대한 태도가 그 한 예다. 이주민 공동체의 종교나 문화적 전통의 고수는 같은 공동체 내에서도 세대 간의 간극과 갈등을 야기하기도 한다. 예를 들어 유럽식 교육을 받으며 합리와 이성, 그리고 개인주의에 입각한 보편적 시민의 권리를 익힌 십대 청소년(특히 소녀들)과 그들을 무슬림 전통에 따라 정략결혼을 시키려는 부모 세대 사이의 갈등이 대표적이다.

이들 사례는 이러한 내적 다양성과 균열이 전통과 현대, 혹은 근대적 서구와 전근대적 이주민 문화라는 식의 서열화된 이분법적 사고와 무관하지 않음을 보여 준다. 즉, 문화의 시간성은 다문화주의 논의, 그리고 이주민들의 정체성 재구성 문제와 떼어놓을 수 없다.

이에 대해 근대 및 전지구화 이론의 대가인 아준 아파두라이는 인류학에서 정의해 온 문화가 주로 과거로부터 축적되어 온 전통, 관습, 제도와 신념 체계 등에 주목해 왔다고 지적한다(Appadurai, 2004). 반면에 실제 사람들의 일상을 보면 미래를 염두에 둔 행위들, 즉, 상상, 희망, 계획 등이 많은 부분을 차지한다.

물론 개개인마다 다를 수 있는 미래에 대한 기대와 희망 등도 그 개인에게 체화된 문화적 습관과 규범, 즉 피에르 부르디외의 개념을 빌리자면, 아비투스habitus(인간 행위를 상징하는 무의식적 성향)에 영향을 받는다(Bourdieu, 1977). 그리고 아비투스는 특수한 역사적 환경과 권력 관계에서 자유로울 수 없다. 유동적 근대liquid modernity[1]에서는 서로 다

---

1   지그문트 바우만은 『공포의 도시, 희망의 도시 City of Fears, City of Hopes』 (2003)에서 유동적 근대의 특성이 글로벌화된 도시에서 집약적으로 나타난다고 주장했다. 이동과 접촉을 통해 서로 다른 문화적 배경을 가진 사람들이 서로의 존재에 익숙해지는 경험을 한다는 것이다.

른 문화적 배경을 지닌 집단과 개인들이 서로 경쟁과 협상을 통해 변화를 모색한다(Bauman, 2003). 아파두라이는 이렇게 서로 다른 문화적 배경을 가진 그룹들이 상이한 미래들을 협상하여 공동의 목표를 세우고 그것을 함께 실현해 나가는 미래 지향적 협력 실천 행위를 열망aspiration이라 부르고, 이렇게 미래 지향적 개념과 실천을 과거 중심이었던 〈문화〉에 포함할 것을 제안한다. 즉, 문화라는 개념의 시간적 영역에 미래가 포함된 것이며, 행위 주체들의 능력과 그 주체들 간의 협상 과정에 주목한다는 의미이다.

전지구화 맥락에서 본다면, 다문화주의, 문화 다양성, 다원주의, 초다양성 등의 담론과 실천들이 초국적 열망의 유형들이라 볼 수 있다. 서구 유럽은 식민지 역사를 통해 타문화권에 자신들의 이질적 문화를 강요하기도 했지만, 지난 수십 년간은 그런 타문화를 본국의 영토에 공존하도록 인정해야 했다. 세속화가 빠르게 진행된 도시 지형에는 비기독교적 종교 상징물과 공간들이 들어섰으며,[2] 백인 위주였던 지역 구성원은 다민족화되었다.[3] 민족-국가의 틀을 부

---

2   세속화 – 근대화 넥서스를 당연시한 근대 사회학에 대한 사회인류학적 비판과 도시와 종교의 이슈를 비교학적으로 다룬 논의는 Peter van der Veer 편저(2015)를 참조.

3   Steven Vertovec(2007)는 유럽 사회가 단순히 인종적 다양성을 넘어

수고 유럽연합 공동체를 구성한 유럽은 최근 난민 유입으로 인한 지역적 반발[4]에 맞닥뜨리긴 했지만, 독일 통일 이후에 점차 영역을 확장시켜 왔다.

재독 한인들의 생애사를 통한 탈경계 감수성을 논하기 위해, 〈열망〉이라는 주제에 초점을 두어야 하는 이유는 체류국과 고국의 변화 속에서 그들 개개인이 엮어 온 사회문화적 삶의 〈여정〉을 들여다보기 위함이다. 초국적 이주는 주체들로 하여금 보다 극적인 변화를 경험하게 한다. 태어나고 자란 본국에서 시간의 흐름에 따라 맞닥뜨리는 사회적 변수들이 달라지기 때문이다. 당장 언어와 식습관 등 가장 기본적인 삶의 환경이 생경해지며, 인종의 문제가 추가되어 계층과 젠더, 이념과 종교 등을 포함한 사회적 장social fields이 넓어지고 복잡해진다.

이러한 낯선 환경에서의 열망은 반드시 성공이나 긍정적 결과만을 가져온다고 예상할 수 없다. 이주민의 생애담

같은 인종과 이주민 공동체 내부에서도 계층과 정체성별로 다양성이 증가한 현상에 주목했고, 이렇게 변화된 우리 시대를 초다양성 시대로 부르자고 제안했다.

4　　이른바 탈다문화에 대한 요구와 타종교의 유입으로 탈세속화가 진행되는 추세 속에서 보수 진영의 저항이 거세진 것이다. 독일에서는 극우 보수 성향의 정당 AfD가 의회에 진출하여 다문화 및 난민 보호 정책 등에 대해 영향력을 높이고자 한다.

은 지나간 삶에 대한 반추이지만, 그 안에서 우리는 문화 간 cross-cultural 충돌과 협상의 과정을 엿볼 수 있다. 그 결과 그들의 생애담은 다른 누군가에게 또 다른 열망을 위한 동력이자 비교치로 작동할 수 있다.

2. 미래에 놓인 〈고향〉 그리고 사회적 송금

이주민들은 자신들의 정체성 재형성 과정에서 이주국의 문화적 지형을 바꾸기도 하지만, 그에 못지않게 초국가주의에 중요한 역할을 담당한다. 바로 출신국과 체류국 간의 물적·비물질적 자산들의 교류를 직접적으로 실천하는 주체들이기 때문이다. 이 글은 특히 이주민들의 사회문화적 송금social-cultural remittances에 초점을 두고자 한다.

이주 사회학자 페기 레빗에 의하면, 〈사회적 송금social remittances은 출신국과 이주국 공동체들 사이를 흐르는 아이디어, 행위, 정체성, 그리고 사회적 자본(Levitt, 1998: 927)〉이다. 이는 그동안 이주민들이 출신국에 기여한 부분을 경제적 자본 중심으로만 보아 왔던 이주 연구에 있어 또 다른 관점을 제안한 것이다. 사실 송금이라는 표현에서 이미 물질적인 것들, 특히 이주민들이 이주국에서 노동의 대가로 받은 임금을 모아 자국의 가족에게 보낸 자금, 그리고 국가 간 차관이나 무역 거래를 통한 외화 수입 등을 우선시하는 태도가 드러난다.

이러한 경제적 자본에 덧붙여 레빗이 관심을 둔 이주민에 의한 초국가적 기여는 사회적 자산들을 의미한다. 여기서 사회적 자산은 금액으로 단순 환산하기 어려우나 분명 직간접적인 접촉을 통해 교환되어 물질적 재화만큼, 경우에 따라서는 그보다 높은 가치를 지닌 것들을 말한다. 물론 경제적인 동기가 근대 전지구화 시대 사람들 이주의 주요 동력이긴 했다. 이를테면 최근 북아프리카 및 중동 지역(특히 시리아)에서는 전쟁과 분쟁, 그리고 자연재해와 지속적인 기근에 의해 대규모 난민이 발생했다. 난민들이 유럽으로 이주를 감행하고자 하는 가장 큰 이유 역시 보다 높은 임금의 일자리, 사회 복지 혜택, 안전하고 풍요로운 삶 등 경제적 동기임을 부정할 수 없다. 흔히 〈보다 나은 삶better life〉이라는 압축적 표현으로 묘사하는 이주의 동기들은 기본 생활의 보장 혹은 풍족함을 전제로 한다. 즉, 경제적 동기가 이주의 근간이다. 하지만 그것만으로는 초국적 이주의 총체적인 면을 이해할 수 없다.

이주민의 정체성 형성에서도 마찬가지이다. 경제적 이주민이라 하더라도 초국적 이주를 통해 재형성되는 삶의 스펙트럼은 종종 경제적 목적을 능가하는 경우가 많다. 따라서 초국적 이주의 총체적인 의미를 이해하기 위해서는 경제적 가치와 사회문화적 가치를 함께 고려해야 한다. 이것은 최근 초국적 이주사회학에서 특히 강조되는 부분이기도 하다.

따라서 사회적 송금이라는 개념 속에는 이주민들의 초국적 역할을 경제적 물질 교환의 매개자로서만이 아니라, 문화적 교류의 주체로도 보려는 의도가 담겼고, 사람과 사람 간의 인적 소통의 중요성을 고려하자는 제안도 담고 있다. 사회문화적 의미를 지니는 비물질적 내용들은 전화와 서신, 인터넷 등을 통한 원거리 소통을 통해서도 전해지며, 고향 방문이나 외국으로 나온 지인들이나 협력자들과의 직접적인 만남을 통해서도 제공된다. 이것은 경험을 통해 교감하는 감성과 이성의 영역으로 초국가적 네트워크의 중요한 특성이다.

이 때문에 레빗에 이어 다른 학자들 역시 이 사회적 송금 범주를 보다 폭넓게 보고자 한다(Lacroix et al, 2016). 이주민들이 실제로 자신들의 출신국과 이주국의 정치 지형에 영향을 미치고 있다는 연구들이 발표되고 있다. 민주주의 가치와 이념, 예절이나 감성, 정서 등은 물론 이주민을 매개로 출신국과 이주국에 상호 호환적으로 전해지는 문화예술 요소들에 주목할 필요가 있다는 주장이다. 우리는 이렇게 이주민을 주체와 매개로 한 초국가적인 흐름에서 사회문화적 요소들을 포함하는 광의의 의미의 사회문화적 송금에 대해 주목하고자 한다.

다시 말해, 재독 한인들과 독일인 유학생의 생애담 안에서(그리고 그 생애담을 통해) 우리는 그들의 혼종적 정체성, 새로운 감수성, 가치와 이념, 초국적 연대 활동, 예술 행위 등 국경을 넘나든 사회문화적 재화들의 특성을 이해하고자 한다. 사회문화적 재화들은 실제 화폐의 송금과 무관할 수 없다. 돈을 보내는 행위 자체가 사회적이며 사회적 관계에 의해 규정되기 때문이다. 그리고 사회문화적 재화의 전이는 직간접적인 접촉을 통해 이루어지므로, 통신과 교통의 인프라가 발달할수록 용이하다. 따라서 시기적으로 그 내용과 영향 정도는 달라질 수 있다.

우리가 이 책에서 함께 만나는 재독 한인 이주민들의 경우에도, 종종 〈파독 광부 및 간호사〉라는 범주로만 국한되는 경향이 있다. 경제 성장에 막대한 외화벌이로 기여한 바가 상대적으로 강조된 주체들이다. 더불어, 이들은 독특한 정서를 자아내는 동포군으로서 이미지화되었다. 가난한 시기 먼 타국에서 최빈국이었던 한국의 경제 성장에 모범적으로 이바지한 영웅들로서 존중, 동정, 그리고 배려의 존재들로 그려져 왔던 것이다. 이렇게 경제적·국가주의적 관점에서 재독 한인들의 위상을 자리매김하는 것은 두 말할 나위 없이 중요하다. 하지만 경제적 통계로 단순 치환하기 어려운, 심지어 물질적 자본 규모보다 큰 사회문화적 자산들의 이동과 교류에 그들이 끼친 영향을 간과해서는 안 된다.

2장

마지막 파독 간호사와의 대화

대한민국 정부는 1966년부터 1977년까지 약 1만 1,000명의 간호사를 독일로 파견했다. 그중 1977년 마지막 기수로 서베를린에 와서 간호사로 근무하다 독일 청년 의사를 만나 결혼하여 정착한 베로니카(가명) 여사와의 대화를 소개한다. 인터뷰 시간은 두 시간 정도로 자연스러운 분위기를 위해 식사와 함께 진행되었다.

이 대화록을 그대로 싣는 의미는 크게 두 가지이다. 하나는 베를린 한인 이주민의 목소리를 있는 그대로 실감케 하기 위해서이다. 독자들은 한 개인의 생애가 어떤 내용들로 주로 구술되는지 현장의 모습을 상상해 가며 느낄 수 있을 것이다.

두 번째 이유는, 인류학 방법론의 한 유형을 공유하기 위해서이다. 문화인류학에서 사용하는 질적 연구 방법은 민족지 현지 조사ethnographic fieldwork이다. 연구하고자 하는 지역이나 공동체에 가서 함께 생활하며 구성원들에게 궁금한 점을 물어보며 현지인의 시선native point of view으로 그 문화를 이해하려는 것이 핵심이다.

그리고 정보 제공자들과 심층 인터뷰를 진행한다. 심층 인터뷰란 열린 대화의 성격을 지닌다. 그냥 살아가는 이야기들이기도 하고 잡담도 포함된다. 그렇게 이야기를 나누면서 그들의 경험과 의견이 되도록 자연스럽게 구술되도록 한다. 그런 서사적 전개들을 토대로 분석 작업을 진행하는데, 개인 또는 여러 명의 구술 내용 중 유의미한 부분들을 간추리고 연구의 문제의식과 연결하여 이론적 논의를 진행한다. 이 책의 2~4장의 대화록은 앞선 장에서 소개한 연구 데이터 중의 하나인 셈이다.

베로니카 여사와의 만남은 지인을 통해 이루어졌다. 이렇게 기존에 아는 사람을 통해 다른 사람들을 만나서 심층 면접을 진행하는 방법을 눈덩이식 접근snowball approach이라고 한다. 눈사람을 만들려 할 때 작은 눈을 뭉친 후 굴리면서 점점 부피를 키우듯, 현지 조사 과정에서 초기 인터뷰 대상자에서 시작해 점점 다양하고 유의미한 정보 제공자로 확장해 가는 방식이다. 보다 심층적인 인터뷰를 진행하고자 하는 목적을 갖는다. 물론 인터뷰는 항상 상대방의 동의하에 녹음과 기록이 이루어져야 하며, 내용 중에 본인의 요구에 따라 비공개할 것은 삭제해야 한다. 그리고 당사자가 신변이 노출되지 않길 원하면 그와 관련된 이름이나 장소 등은 모두 익명 처리하는 것이 국제적인 연구 윤리 규정이다.

베로니카 여사는 1953년생이다. 양호교사로 근무하던 중 1977년 단기간(3년 계약)의 해외 근무 경력을 쌓아 보기 위해 독일로 오게 되었다. 그러다 이곳에서 현재 고인이 된 남편을 만나 장성한 아들 셋을 둔 미망인으로 베를린에서 지내고 있다. 특이한 점은 남편 집안에 의사가 많았는데, 동독에도 외갓집이 있어서 분단 시기에 동-서 베를린 간 가족 교류가 있었다. 베로니카 여사는 독일 통일 이전부터 동-서 베를린 경계 넘기를 경험한 평범한 한인 이주민의 한 사람이다. 이 인터뷰는 독일 남편의 아내, 한-독 자식들의 어머니로 살아온 베로니카 여사의 이주, 사랑, 결혼, 종교 등 다양한 삶의 이야기를 담고 있다.

다음은 2016년 인터뷰를 바탕으로 한 대화록이다. 대화 속의 〈정〉은 연구자, 〈베〉는 베로니카 여사를 지칭한다.

1. 양호교사에서 파독 간호사로

정 베를린에 처음 오셔서 가톨릭 병원으로 가셨군요. 그럼 몇 분이나 같이 가셨어요?

베 그때 저 혼자였어요. 근데 저보다 일찍 온 분들이 계시더라고요. 열 명 정도? 한 기숙사에. 거기에 가자마자 이제 그분들이 통역도 해주고, 뭐 이것저것 한국 음식 같은 거 쌀 같은 거 다 구해서, 저는 아주 편하게 지냈어요. 아주 편하게.

정 제가 파독 초기에 베를린에 오신 분께 들은 사례에서는, 부슬부슬 비가 내리는 껌껌한 데 내렸는데 그 병원에서 데려가더니, 한국에서 왔다고 하니까 사람들이 쌀을 먹을 거라고 생각하고 밀히라이스(우유를 넣고 끓인 쌀죽)를 해주더라는 거예요. 오랜 시간 비행기 타고 오면서 먹지도 못한 와중에 그 허여멀건 밀히라이스를 보고서는 입도 못 댔다고 해요. 김치, 고추장 이런 게 있어야 먹는데.

베 그런 분들은 한 10년 전에 오신 분들일 거예요. 저보다. 저는 완전히 제일 나중에 마지막 코스로 왔기 때문에 호강 많이 받았죠.

정　아, 막내라.

베　가자마자 된장국, 밥. 김치 그…… 양배추로 담근 김치. 그것도 저녁에 집집마다 돌아가면서 나눠줬어요.

정　그러면 병원에서는 독일어로 다 대화해야 했지만, 또 저녁때는 다들 한국말만 쓰시고, 한국 음식 드시고 그러셨 겠네요?

베　예, 그때는 음……. 이제 간호 기숙사니까 사감이 있더 라고요. 이 나라에도 무슨 사감이 있냐, 그렇게 생각했는데 (사감) 수녀님이 항상 저녁 여덟 시에 오셔가지고 기타도 가 져오시고…… 기타도 우리 생각을 많이 해주신 거죠. 기타 치고 노래도 알려 주고, 뜨개질도 배우고, 그런 거예요.

정　아, 그래서 현재 남편분을 언제 만나셨어요?

베　예, 그 병동에서 일했을 때 (남편이) 아르바이트로 있었 기 때문에 많이 도와줬죠. 잘 모르는 거 이렇게 알려 주고 저 렇게 알려 주고 그러면.

정   가셨을 때 이미 와 있었나요?

베   아이, 예예.

정   의대생으로서 거기서?

베   남편은 아버님이 그 병원에서 원장이었기 때문에 의대생으로 거기서 실습했고요.

정   여사님께서는 어디서 자라셨어요? 어렸을 때는? 익산, 아, 익산에 계속 계셨겠군요.

베   원래는 군산이요. 어머님이 아버지랑 같이 초등학교 때 익산으로 이사 오신 것 같아요. 그래서 거기서 계속 초등학교. 이리국민학교, 이리여중, 이리여자고등학교. 그다음에 전주간호학교. 여기서 졸업하고 나서 양호선생으로 제가 1년간 있었고요. 이제 친구가 그러더라고요. 참 좋은 찬스가 있다고. 외국으로 나갈 찬스가 있다고 한 번 가보자고. 그래서 이제 양호선생 그만두고 외국 나가려고 교육받았죠.

정   근데 양호선생이면 옛날에는 정말 인기가 많았었죠?

베   (웃음) 예. 완전히 그냥 저는 순한 처녀로 양호선생 했었죠.

정   근데 외국으로 나오고 싶으셨어요?

베   아니, 친구가 그러더라고요. 한번 3년 갔다 오자고. 그래서 이제 그 말을 집에 했더니 집에서는 반대하지요. 지금 네 나이가 스물셋, 스물넷, 스물다섯 되면은…….

정   시집갈 나이인데.

베   3년 갔다 오면 27세, 28세. 어우, 안 된다고요. 그때 막 중매가 들어왔었고, 어머니 친구분들이 보고는 마음에 들어가지고. 한창 그런 때여서 부모님이 더 많이 반대했죠. 그런데도.

정   그런데도 어떻게요?

베　그러니까 저는 제 의지가 강하진 않아요. 뭐 하고 싶다, 뭐 어쩌고 싶다 그런 의지가 없는데 이상스럽게 끌려서 여기 왔어요. 하여튼 희한하게. 그래서 해외개발공사 교육 3개월 받고 이제 여기로 온 거죠.

정　음, 그러면 우선 이제 다른 분들도 그렇지만 고향에 가족도 있고 월급의 대부분을 보내셨잖아요.

베　아유. 하여튼 사람들 말 들어 보니까 그런 사정, 사연들이 많이 있더라고요. 저는 꼭 뭘 보내 줘야 된다는 그런 의무감도 없었고, 그냥 3년만 군대 갔다 오는 식으로 해서 온다고 했으니까. 그냥 부모님이 허락을 했고 경험 삼아서 왔는데 속속들이 그런 사연들이 있더라고요. (저보다) 10년 전에 온 사람들이 특히 더.

정　그럼 여사님께서는 굳이 집이나 한국으로 돈을 부치시진 않은 건가요?

베　응, 그런 건 없었는데 사람들이 그러더라고요, 돈을 부친다고. 저는 또 여기 와서 그 돈을 받으면 특별히 뭐 쓸 것도 없었고.

정　그러면, 다 저축하셨나요?

베　뭐, 사람들 말 들어 보니까 매달 보낸다고 그러더라고
요. 그래서 이제 뭐 첫 월급 받으면 어머님한테, 부모님한테
줘야 된다는 한국 풍습이 있잖아. 그렇게 해서 보내다 보니
까 저도 그렇게 매달 보냈는데 어머님이 그 돈을 안 쓰시고
어떻게 저금하신 거 같더라고요. 전 물어보지도 않았어요.
그런 거에 대해서.

정　혼수 자금으로 저축을 해주셨구나.

베　그러셨을 가능성이 많을 것 같아요.

정　근데 여기서 덜컥 신랑을 만나서 결혼했으니.

베　그러니까 말이에요. 아이고 아이고. (웃음)

2. 동베를린 방문

정   베를린에서 그러면 40년을 사신 거네요. 베를린 분단됐을 때 서베를린에서, 통일이 됐을 때는 또 동베를린도 가보시고 그런 분단과 통일을 경험하셨을 텐데 소감이 있으실 거 같아요. 처음에 여기 오신 분들한테 동베를린이나 이런 데가면 절대 안 된다, 그런 교육도 받으셨을 거고요. 그런 거 좀 무서워했던 분들도 있다고 들었는데요.

베   1967년도 그땐가? 조금 넘어서 동백림 사건이 터졌어요.

정   오, 동백림 사건.

베   그래서 위압감이 많이 들었는데, 저 같은 경우는 남편의 어머님 식구들 몇 명이 저기 동독에 살았어요.

정   오.

베   아들 셋 낳았을 때, 남편이 동독에 가자고 그러더라고요. 방문하러 가자고. 아, 그러기 전에 그분들이 저희 집으로 놀러왔었어요.

정 아, 동베를린에서요?

베 예, 동베를린에서 여기로 오셨고, 제가 탕수육도 해드
리고 밥도 해드리니까 맛있다고, 그러셨던 분인데. 그러니
까 저도 잘 알고요. 남편이 그분들이 저희한테 동독으로 놀
러오라고 했대요. 근데 동독 가기가 어디 쉬워요? 놀러가기
가 쉬워? 더군다나 저 같은 경우에는?

정 한국 국적이셨고.

베 저는 안 가려고 하는데 남편이 몇 번 그렇게 말하더니
갔다 와도 괜찮을 거라고 해요. 가자고. 그래서 이제 애들 데
리고 갔죠. 그 대신에 그 여권에다가 지장은 찍지 말라는 교
육을 받았어요. 그래서 지장은 안 찍게 하고, 검문소에 말을
해서 종이에다만 갔다 왔다는 그런, 그렇게 해가지고 갔었
어요. 첫 번에 갔을 때는 조금 무섭더라고요.

정 무서운?

베 내가 내 발로 동독 땅을 디딘 그것이 이제 무서운 거지.

근데 그분들 참 그 사는 모습은 똑같아요. 똑같은데 그 장벽만 있다 뿐이지. 그 사는 생활도 아주 여유롭고.

정 그분들도 가톨릭 집안인 거고요?

베 예.

정 그래서 더. 그리고 또 의사 집안인가요? 동독에서도? 동베를린에서도?

베 베를린에서. 그러니까 그 외삼촌네 아들이 의사였고요.

베 그리고 외삼촌이 그……아들을 통해서.

정 세 자녀가 태어난 다음이니까, 80년 중반? 후반?

베 터지기 전에요. 동독 터지기 전에 몇 번 갔다 왔죠. 두 번, 세 번 정도? 그리고 또 남편 친구분, 동독에서 사는 분의 아들이 또 세례를 받는다고 하니깐 제 남편이 또 대부(성사를 받은 신도의 후견인)로 해서 동독에도 가고.

정　와…… 그러면 베를린 장벽 붕괴 전에도 거기 계셨군요.

베　옛날에는 편지도 왔다 갔다 했었고. 그래서 아주 친밀했어요. 단지 제가 한국 사람이니까 그런 교육도 받아서 조심성이 있었다 뿐이지. 그분들 대하니까 아유, 더 좋아요. 아주 순수하더라고요.

정　거기 분들이요? 거기 서독분들보다?

베　아유, 순수해요. 아주, 막 껴안고 막. 아이고, 먹는 것도 풍성해요. 먹는 것이 더 많아.

정　서독보다도요?

베　서독은 자본주의 국가라서 저금을 해야 되잖아요. 뭐를 해야 되고 뭘 모아야 되고. 동독은 그런 것이 없어요. 사회주의니까, 상관없어. 더 잘 사는 거 같더라고요. 사람들 마음 씀씀이도 더 풍부했고 더 자유로웠어요. 가니까 여기 구경시켜 주고 저기 구경시켜 주고 뭐뭐. 잠도 같이 그냥 촌에서 잠자는 것처럼 한 방에서 세 명이 같이 자고.

정　가족이라고 하면 남편분의 동생?

베　어머님. 어머님네 식구들.

정　아, 외갓집.

베　예, 외갓집이요.

정　아. 그러니 남편분께서는 진짜 외갓집을 방문하는 거니까, 어렸을 때도 외갓집 방문했을 테고요. 집도 놀러가고.

베　응, 자주는 못 갔지만 그래도 외삼촌이 자주 오셨지. 오시면 뭐 좀 싸서 주시고. 우리도 갔을 때 뭐 좀 사가지고 갔고. 그럼 거기서는 뭐가 부족했냐면 전기 제품. 좀 좋은 텔레비전, 뭐 그런 것이 없어서 그렇지 뭐 그 외에는 먹는 거는 풍족했고요. 이제 그러다 사람들이 왔다 갔다 하면서 여기 사회생활, 직업생활을 비교하게 됐지. 그러다 보니까 동독에 사는 높으신 분들, 교수 같은 학자들이 넘어온 경우도 많이 있었어요.

정　가족을 이리로 데리고 올 생각은 안 하셨나요? 외갓집의 가족을 서베를린으로, 혹은 서독으로?

베　그렇게 할 필요가 없었을 것 같아요. 구태여 서독, 동독에서 여기로 넘어올 필요가 없었을 것 같애. 왜냐면 거기 직장 있고, 집 있고, 먹을 거 풍족하고 마음이 더 따뜻하고. 그러니까 뭐 구태여……. 그래도 이 사람들이 통독(통일 독일)을 하려고 일어섰던 것이 참 이건 하나의 기적이라고 봐요. 우리 한국에서는 이런 말 하면 큰일 나나.

정　아니에요. 더 많은 얘기를 하시는 분들도 있어요.

베　그래요? 한국에서는 벌써 은근슬쩍 그런 뭐랄까, 공산주의를 나쁘게 인식시키잖아요. 교과서를 통해서라든가.

정　반공교육을 시키죠.

베　뭐 스파이가 넘어왔다는 걸 크게 확대시켜서 대학생 데모하는 거 차단시키고. 군인들이며 경찰들이 얼마나 거기 다 온 힘을 썼어, 내 생각에 그거 아무것도 아닌데. 근데 여기서는 그런 거 하나도 없었어요. 그냥 자연적으로 그냥.

정 그렇죠. 서독에서는 특별히 그런 거에 대해서 반공교육
도 없었고.

베 적대심도 없었고 그냥 서로서로 마음이 통하고. 그러니
까 자연적으로 이렇게 장벽이 무너진 것 같아. 피 한 방울 안
흘리고.

정 여긴 그런 얘기 많이 하지 않습니까? 독일은 분단이 됐
지만 우리처럼 6·25전쟁 같은 동족상잔의 비극이 없었기
때문에 서로에 대한 원한이나 이런 걸 가질 필요도 없었다
고. 한국은 남북한이 전쟁을 겪음으로 해서 서로에 대한 증
오가 생겨서, 그런 면에서 보면 쉽지가 않다, 독일과는 차이
가 난다, 이런 얘기에 대해서는 어떻게 보세요?

베 제가 책을 읽어 봤었는데, 무슨 책이더라? 전쟁 일어나
기 전에도 이미 사상들이 벌써 갈라졌던데요.

정 그렇죠. 물론 분단 전에도 사상이 갈라지긴 했지만 미

국하고 소련이 들어와서 물리적으로 한반도의 반을 갈랐잖아요. 미국과 소련에 의해 나뉘기 전에는 사상적으로 본다면 저는 특별히 자본주의-공산주의로 나뉘었다기보다, 기독교 민족주의자와 사회주의 운동을 하는 사람 이렇게 나뉘었다고 보거든요.

베　어쨌든 그렇게 나뉘면서…… 이게 문제가 뭐냐면 시간이 한참 흐르고 헤어진 사람들이 살아있는지 없는지 그걸 모르니까 관심들이 없어지지. 죽었는데 나하고 무슨 상관 있어요? 구태여 통일할 필요가 뭐가 있어?

정　자손들 같은 경우에 더군다나 그렇겠죠.

베　더군다나 조카나 2세, 3세. 연락할 수 있는 게 있어야 되는데 그런 것들이 없으니까 점점 멀어지고 벌어지는 거예요.

정　그래서 그때 이미 동서독 통일되기 전에 서로 왕래하고 방문할 수 있는 거 보시고 좀 부러우셨겠어요? 가족 중에서는 북쪽에 고향 두고 계신 분들 안 계시겠네요? 전라도 출신이시니까?

베 예, 저는 그런 것은 없었죠.

3. 베를린 생활

정 간호사 3년 하시고 그다음에 계약을 연장하셨나요? 간
호사 계약 원래 3년이잖아요.

베 근데 더 연장을 시켜 주더라고요. 내가 뭐 하고 싶다고
말하기도 전에 그냥 그렇게 되던데.

정 그리고 그전에 오셨던 분들도 더 연장을?

베 예, 연장하고 한국 가신 분들도 있고. 더 계실 분 더 계시
고 다른 병원으로 가고 싶으면 가고.

정 그 뒤로는요.

베 저 뒤로는 한국에서 간호사들이 안 왔어요. 그러니까
그 옛날 한국에서 마지막 기회일 것 같다고 나가자고 해서
나온 거거든요.

정 같이 오셨던 분들 중에 기억나시는 분들 있나요?

베 저랑 같이 온 그분하고 한인회. 옛날에 한인회 한 번 가 봤을 적에 두 분인가 세 분인가 얼굴을 봤어요. 그분들은 교회 다니더라고요.

정 성당에 의외네요. 남자분들 경우엔 한인회분들이 많이 있었다고 하더라고요.

베 예, 많아요. 성당 사람들이 가만 보면 욕심이 많더라고. 한인회 회장하는 사람도 벌써 네 분이시고, 간호사 회장도 몇 분 계시고. 광부들 중에서도 거기서 회장하시는 분들 은 근히 많아요. 특히 나이 드신 분들 중에, 성당에 유명한 인사들이 많아요.

정 그래서 오셔서 얼마 동안 간호사로 근무하신 거예요? 결혼하고도 계속하셨어요?

베 저는 남편하고 결혼하고 나서 대학병원으로 갔어요, 거기서 한 2년 있다가…… 그러니까 한 6년 일했네, 6년. 둘째

애 낳을 때 남편이 그만두라고 하더라고요.

정　첫아들 낳으신 이후에도 일을 하셨군요.

베　했어요. 애 낳고 나서 보니까 남편이 너무 그렇게 하지 말라고 해요. 그렇게 해도 세금으로 더 많이 나가니까. 또 애들은 애들대로 지치고 시어머니도 나이가 드시고, 나는 나대로 힘드니까. 그래서 일을 그만두고 집에서 살림하면서 마냥 애들하고 있으니까 정신이 없었지. 그래도 지금 생각해 보면 그때가 제일 좋았던 것 같애. 그때가 좋은 것도 모르고 살았지.

정　왜요?

베　그때가 젊었었잖아. (웃음)

정　젊었기 때문에?(웃음) 시아버지께서는 가톨릭 병원의 원장이었고 남편분은 그 병원의 의대생으로 실습 중이었잖아요. 그러면 남편분은 그러고 나서 그 병원에 근무하셨나요?

베　네, 남편도 실습 후에 대학병원 연구실에 있다가 다시 그 병원으로 갔죠.

베　우리 시어머니, 시아버님 굉장히 검소한 분들이에요. 텔레비전도 없이 사셨던 분들이고, 그 집에 식구가 열한 명, 열두 명 살았고 이제 며느리, 사위 해서 가족 모임 있으면 한 서른 명이 넘어요. 그런데다가 손자와 손녀들 각각 생기니까 뭐…… 서독까지 합치면 거의 쉰 명 돼요.

정　근데 다 한꺼번에 모이신 때가 있었다고요? 집에서?

베　저희 집에서 여름에 한 번씩 모여요. 그 대신 각자 음식 하나씩 해가지고.

정　어휴, 그러면 뭐 오십 명이 한꺼번에 자기도 하나요?

베　시어머니 계실 적에는 원래 식구들이 다 같이 잤고, 될 수 있으면 신세를 안 끼치려고 했어요.

베　시부모님은 굉장히 검소해요. 시아버님이 병원에 계셨기 때문에 약 같은 것들을 구입해서 아프리카 콩고나 한국에 있는 부산침례병원, 대구 무슨 병원에 많이 보내셨죠. 또 성모 마리아상이 한복 입고 애기 안고 있는 것도 많이 보내고, 콩고에는 코끼리뼈, 상아 그런 것도 보내고 하시더라고요. 그렇게 많이 도와줬고. 집에서도 시아버님이 이 약은 어디다 보내고 이 약은 어디다 보내고 그러시면, 시어머니는 약대 나오셨기 때문에 큰 통에다가 약을 다 집어넣어서 주소를 써줘요. 그러면 제 남편은 자동차에다 싣고 우체국으로 보내고 했죠. 제 남편은 거기서 태어나서 여태까지 살다가 돌아가셨어요. 시어머니하고 시아버지하고 같이 살았죠. 그러니까 그런 거 다 같이 일하고. 그래서 1년에 몇 톤을 보냈다는 총계가 나왔는데, 그 덕분에 시아버님 얼굴이 신문에 나기도 했어요.

정   아…… 한국이나 세계에 보낸 거에 대해서?

베   예. 뭐 부산.

정   그럼 한국 쪽에도 시아버님과 같이 일하시던 분들이 계셨던 건가요?

베 독일 수녀님들이 한국에서 일을 하셔서 부산침례병원 같은 곳에 보내셨지. 근데 한국이 어느 정도 잘 살게 되니까 이제 보내지 말라고 그러더라고요. 그래서 안 보내셨고.

베 시아버님은 가톨릭 신자로 로마에 가서 망토 같은 거 걸치고 특별한 사람들과 같이 교황님과 악수도 했다고, 시어머니가 말씀하시는 걸 들었어요. 그리고 시아버님은 또 히틀러 시대 때 유대인들을 막 잡으러 돌아다니고 할 때 지하실에다가 숨겨 주고 해서 그런 걸로 더 유명하신 것 같아.

정 베를린 같은 경우에, 분단되고 나서나 통일되고 난 후에 지금 다니시는 독일 성당 같은 경우에는 신자들의 변동이 있나요? 신자들이 줄었거나 늘었거나 혹은……

베 어디? 여기서요?

정 예. 지금 다니시는 독일 성당.

베 독일 사람들 보니까는 통독되기 전에도 동독에 벌써 가톨릭, 개신교 다 있었어요. 내 남편도 거기 가서 대부도 하고 더 열렬하더라고. 동독 사람들이 더 열심히 하더라고. 순수하고, 때 묻지 않더라고. 여기(서독)는 다 알잖아요. 다 비교하고 해서 조금 때가 묻었는데 저기는 완전히 온전히 가톨릭, 개신교. 눈이 낮아서 잘못 봤는지는 몰라도 제가 보기에는 그런 거 같아요. 지금 통독됐다고 해서 성당 숫자가 줄어들고 많아지고 그런 것이 아니라 내 생각에는 물질 문명에 따라서.

정 물질 문명화되어서?

베 예. 아이들이 이제 아쉬울 것이 없잖아요. 예전에는 그냥 개 목줄 달듯이 끌고 다녔지만 지금은 머리가 컸다고 생각을 하고 비교도 하고 판단도 하고 비판도 하고.

정 가톨릭 시부모님 말씀도 하셨지만 검소한 이런 태도는 어쨌든 문화적으로 가정에서부터 배울 테니까요. 그것이 굳이 뭐 하나의 성경 지식이나, 알고 있는 것에서만이 아니라 실천하는 게 중요할 텐데요. 봉사하고 검소하게 살고, 그런 것이 가장 천주교적 정신에서 중요한 걸 텐데요.

베　그리고 우리 시어머님이 굉장히 현명하시고 좀 슬기로
우셨어요. 자식 아홉을 어떻게 키우셨을까 들여다보니까,
한 명한테는 감자 사오라고 하고 한 명한테는 빵 사오라고
해서 다 일을 맡겼더라고요. 하나는 이불을 내어서 다 털어
라, 또 하나는 신발을 닦아라, 설거지해라…… 이런 게 하
나의 단체 아니에요? 그렇게 키우셨더라고요. 그리고 제 남
편은 잠을 일찍 깨니깐 큰누나는 아침, 누구는 아홉 시, 또 누
구는 네 시, 다섯 시에 깨워 줘라 해요. 그러니까 남편이 가서
깨우고, 그런 역할들을 다 했던 거죠.

정　아침에 일찍 일어나셨군요. 음… 어쨌든 그런 대가족이
살던 집인데 지금 두 분이 살기에는 너무 크거나 하진 않으
신가요.

베　우리 시어머니, 시아버지도 그 집에 전세로 사셨거든
요. 시아버님 친구분이 베를린 그 집을 사셨는데, 시아버님
한테 싼값에 살라고 해서 그렇게 살게 됐어요. 그런데, 시어
머님이 그러시더라고요. 싼값에 살고 있으니까 그 집 굳이
살 필요가 없다고. 자식이 아홉인데도요. 결국 저희가 그 집
을 샀어요. 2000년대에.

정   그러면 옛날보다 집값이 올랐을 때 사셨네요. (웃음)

4. 광주항쟁 소식

정   제가 한 번에 너무 오래하면 지루해하실 것 같아서 몇 가지 질문만 드릴게요. 1976년도에 오셨다가 결혼까지 하셨지만, 여기 한국과 관련된 여러 가지 소식들을 많이 접하시잖아요. 예를 들어서 1980년의 경우엔 독일 TV 방송에서 처음으로 광주항쟁에 대해서 보도했고요.

베   네, 그것도 들었어요.

정   그때 남편분하고 결혼은 안 하셨고, 연애하셨을 때죠?

베   예, 81년도에 결혼했어요.

정   그럼 그때 같이 그 장면을 보셨나요? TV 장면을? 남편분이랑?

베   그 당시에는 제가 못 봤고 나중에서야 사람들이 알려 주었죠. 음, 알려 주신 분이 저기 가톨릭 통해서 알았던 분인데, 지금은 고인이 됐지만 전라남도 순천 출신에 세례명이 카타리나였어요. 그분 남편은 광주 출신이고 광주에서 선생을 하셨대요. 고등학교 선생. 그분이 운명인가 봐요. 카타리나 이 사람이 한국에 가서 맞선을 보고 두번, 세 번 만나서 결혼하고 그 남편분이 부인을 따라서 독일에 왔어요. 그분이 원래는 성악을 좋아했고 그래서 여기 학교도 다니면서 성악 공부도 하고, 이태리 가서 성악 공부도 하고.

정 남편분이?

베 예, 그분 남편이 그랬다고 하더라고요. 그래서 하는 소리가 〈그 당시 그 사람이 광주를 떠나지 않고 거기 살았더라면 죽었다〉 그렇게 말을 해요.

정 더군다나 카타리나 그분도 전라도 출신이시니까요. 물론 광주하고는 멀리 떨어져 있지만요.

베 네, 전라북도 출신은 전라남도 사람보다 좀 순해요. 충청도하고 붙어 있어서. 충청도 사투리도 좀 많이 쓰고……. 어디 전라남도 출신 아니시죠?(웃음)

정   예, 저는 강원도입니다. 춘천. (웃음)

정   동서독 간에 토론 문화도 많고, 다들 존중하고 본받으려고 하는데 한국에서 오신 분들은 그걸 잘 알면서도 간호사와 간호보조원을 구분하고 차별하고, 이러한 것들이 왜 계속 지속됐을까요?

베   만약에 내가 이 병원에 들어갔잖아요? 그러면 거기에 먼저 온, 옛날 간호보조원들이 많이 있었어요. 그러다가 점차 간호사만 받은 거죠. 그러니까 독일에서도 이제 받아들이는 사람들의 질이 올라간 거죠. 옛날에는 간호보조원들이 미리 와서 자리를 잡았었고, 간호사들은 나중에 와서 간호보조원들 밑에 있었던 거죠.

정   (간호보조원들이) 일을 시키고 그랬어요?

베   일을 시키는 건 독일 간호원, 수간호원들이 있기 때문에 힘들었고……. 그런데 만약에 같은 일을 하더라도 간호보조원하고 간호사는 한국에서는 굉장히 차이가 크잖아요. 근데 여기서는 그런 것 없이 똑같이 시켜 버리잖아요. 그러니까 거기서 한국 간호사가 자존심이 상한 거야. 억울한 감정이 생긴 것 같아요. 저는 그런 거 하나도 없었어요. 왜냐하면 너나 나나 똑같이 뭐 같은 한국 사람인데, 같은 간호 계통이고. 또 독일 사람 밑에서 있으면 한국 사람이니까 뭉쳐야 되는데, 그런 것이 아니었더라고. 그래서 이제 자존심 상해서 어떤 사람은 다른 병원으로 가고, 또 서로 싸움도 하고 이간질도 하고. 잘 지내는 사람도 있었는데 가끔 가다 그런 흙탕물이 있더라고요. 근데 그 차이가 거기서 온 것 같아요. 간호보조원이 먼저 오고 간호사가 늦게 와가지고.

정 근데 먼저 오신 분들이 연세는 더 있었고요.

베 그렇죠.

정 그런데도 나중에 왔지만 간호사이기 때문에.

베 젊고.

정 음…….

베   그리고 한국 사람들이 그렇잖아요. 예의. 윗사람, 아랫
사람 중요시한다고요. 그래서인 것 같애. 여기서는 능력만
있으면 높은사람, 나이 많은 사람, 낮은 사람 상관이 없잖아
요. 한국은 아직도 그런 것이 있어서. 근데 지금은 다 잘 살아
요. 다 나이 들어 가고. 다 예순 살이 넘었고 하니깐.

정   어쨌든 광주를 여기서 경험하시고, 그 이후에 한국이
계속 정치적 상황이 어렵고 했잖아요. 그러다 보니까 여기
분들 중에서 계속 관심을 가지고 있던 분들도 많은 걸로 알
고 있는데요.

베   남자분들이 주로 그러셨겠죠.

정   여자분들 중엔 간호사 출신도 있고, 그죠.

5. 마지막 소망

정   40년 동안 쭉 여기 계시면서 베를린이 많이 변화된 모습
도 보셨잖아요? 처음부터 베를린에 왔었고 지금도 계속 살
고 계신 것에 대해 자긍심이 있으십니까? 다른 데도 아니고
베를린에 계셨기 때문에요.

베　정치적으로?

정　문화적으로나, 혹은 그냥 삶을 들여다보시거나 그랬을
때요.

베　저는 제가 이렇게 말을 안 해도 사람들이 긍지 있게 봐주
더라고요. 독일 성당에서도 그렇고요. 제가 시어머님 모시
고 병수발 다 하고 자식들 키우고 다 해놓았으니까요. 또 한
국 사람으로서 예의 지키고 독일 사람들한테 항상 고개 숙이
고 인사하니까. 제 오해일 수도 있는데, 나쁘게는 생각 안 하
는 것 같아요. 그런 한국 사람 이미지는 제가 잘 심어 놓은 것
같아. 애국자가 바로 저예요. (웃음)

정　가정 안에서 가톨릭 교리와 문화 같은 것들이 이어지고
있나요? 며느리도 그럼 가톨릭 신자세요?

베　저기 개신교.

정　상관없어요?

베　저는 그런 거 상관없어요. 개신교든 불교 신자든 일상 생활에서 사랑을 베풀고 자비를 베풀고 이해할 줄 알고 서로 용서할 줄 알고 화해할 줄 알면 거기에 주님 말씀 다 들어가 있어요. 저는 그렇게 봐요. 차별 안 해요. 뭐 지구 덩어리에 흙이 있고 동양이 있고 서양이 있고, 동그랗게 다 어울려 사는데, 조그마한 가정 안에서 불교 신자라서 싫다, 개신교 신자라서 싫다, 싸움할 필요가 없어요. 지네들끼리 좋아하고 사랑하고 주님의 생활, 가정을 꾸미면 되는 거예요.

정　앞으로 미래 소망이 있으시다면 무엇일까요?

베　제 소망요? 제가 지금 예순셋이니까, 그냥…… 애들한테 건강한 엄마로 있으면서 기쁨 주고 같이 생활하고 그게 전부예요. 필요하면 항상 달려가서 도움 주고 도움 받고, 이야기 듣고요. 저는 그렇게 아주 사소한 거 할 수 있으면 좋겠어요. 다른 건 하나도 필요 없고.

정　자녀분들이 한국인으로서의 정체성을 만들어 나가고 유지하는 걸 원하시나요?

베 그래도 제 피가 반절이나 들어가 있으니까. (웃음) 사람들한테 조금 예의도 차릴 줄 알고 인사성도 있어야 되고요. 사람들한테 기쁨을 줄 수 있고, 도움이 필요하면 항상 도와줄 수 있는 그런 마음 자세, 그런 걸 원하죠. 밥 세 끼 먹는 거…… 집 두 채 있으면 뭐할 거예요? 그리고 그 나머지는 자기네들이 책임질 줄 알아야죠. 자기가 일하고 수고한 만큼, 그 수확에 따라서 자기네들이 이제 해야죠. 계산해야죠. 전 크게 안 바라요. 의사 되고 뭐 이런 거 안 바라요. 자기 적성에 맞게 살길 원하지.

정 네 이렇게 함께 인터뷰해 주셔서 감사합니다. 오랜 삶의 경험을 짧은 시간 안에 나누어 주시는 게 쉽지 않은데, 좋은 이야기 들려주셔서 시간이 더 빨리 지나간 듯합니다. 감사합니다.

3장

독일 청년이 바라본 한국의 분단과 통일

독일에서 알고 지내던 조나단(가명)을 국내에서 만났다. 독일 태생으로 현재 니더작센주 명문대학인 괴팅겐대학교 인류학과 박사 과정 연구원이다. 그의 부모님은 에티오피아 출신이다. 독일 아이들에게도 미국인은 백인이거나 흑인이지, 아시아인까지로는 인식되지 않고 있다. 어느 재미교포 2세 소년이 독일에 가서 자신이 미국 사람이라고 했더니 독일 친구들이 믿지 않고 놀려서 다툴 뻔했다는 일화도 있다. 마찬가지로 조나단이 독일인이라고 하면 낯설어하는 한국인들이 있다. 그의 피부색이 다르기 때문이다.

조나단이 한국에 오게 된 이유는 학위논문을 위한 자료를 구하기 위해서였다. 석사 과정부터 초국적 이주-난민 주제에 관심이 있었고 그에 대한 인류학적 연구 대상으로 북한이탈주민을 정했던 것이다. 석사를 마치고 이어서 박사

과정을 시작했다. 그리고 보다 깊이 있는 논문을 쓰고자 한
국에서 장기 현지 조사를 수행했다. 그러던 중 남북 접경 지
역의 부동산 문제를 접하게 되어 현재는 논문 주제가 확장
되었다.

즉, 조나단은 현지 언어와 문화를 익히면서 참여관찰과
심층 인터뷰 등 1~2년 정도의 현지 조사를 통한 질적 자료
로 논문을 쓰는 인류학자이다. 인류학자로서 그는 남북한
의 분단 문화를 어떻게 체험했을까? 이주-난민의 아들로
독일 민족과 다른 소수자로 살며 체득한 감수성으로 한국
의 젊은 세대 문화를 어떻게 바라보고 있을까? 우리는 독일
에서 인연이 있었지만 오랫동안 대면으로 만나지 못하고
있었고, 마침내 서울에서 만날 수 있는 기회가 생겨 이야기
를 나눌 수 있었다.

다음 대화 속의 〈정〉은 연구자, 〈조〉는 조나단을 지칭
한다.

1. 독일 통일 베이비

조　안녕하세요? 저는 조나단이고 독일 괴팅겐대학에서 인
류학 박사 과정 중입니다. 한국 서쪽 접경 지역 토지 부동산
거래에 대해서 현지 조사하다가 한국에서 박사 논문을 쓰고

있고요. 그전에도 한국에 대해서 연구했고, 북한이탈주민 중심으로 석사 논문 썼습니다. 2015년부터 한국하고 독일을 왔다 갔다 했습니다.

정　그러면 지금 한국에서의 경험이 총 몇 년인 거죠?

조　거의 5년 가까이 된 것 같아요.

정　한국을 연구하게 된 계기는 뭡니까?

조　저는 아무래도 민족주의나 분단에 대해서 공부하고 싶었어요. 그래서 에티오피아에 대해서 공부하려고 생각했어요(조나단의 부모님은 에티오피아 출신이다). 그런데 막상 에티오피아에 가보니 좋고 재밌었지만, 문득 〈나는 왜 굳이 나와 관련해서 공부해야 하나〉라는 생각이 들었어요. 좋을 수도 있지만, 부담이 될 수도 있고요. 차라리 내가 모르는 것에 대해서, 나와 관계가 없는 것에 대해서 배우면 재밌지 않을까 생각했고, 아무래도 분단의 역사가 있는 곳에 가서 공부하면 어떨까 싶었어요. 그런데 분단된 나라가 많지 않잖아요. 어떻게 보면 중국, 대만 정도? 한국에 가고 싶다는 생각을 학사 과정 때 처음 했어요. 동아시아도 한번 가보고 싶었고요. 동아시아 중에서는 한국에 제일 가보고 싶었어요.

정　조나단이 자랄 시기에는 독일이 이미 통일이 돼서 통합의 과정이 진행되고 있었잖아요. 그 과정에 대해서 〈독일이 분단 지역에서 통일이 됐구나〉 혹은 〈통일은 이게 어렵구나〉 그런 것을 느끼거나 배웠나요? 또는 아무것도 모르는 상태였나요? 어떤 과정이었던 것 같아요?

조　저는 어떻게 보면 통일 베이비잖아요. 제가 한 살도 안 됐을 때 통일이 됐고요. 한국에서 이 질문을 많이 들어 봤어요. 〈당신과 통일은 무슨 연관이 있냐? 어렸을 때는 어떻게 느꼈냐?〉 사실 독일의 제 또래 친구들한테도 많이 물어봤어요. 서독 출신들은 〈나에게 큰 영향을 안 미쳤다. 나에게는 빅 이슈는 아니었다〉라고 했죠. 당연히 저도 어릴 때 동독에 대해서 못 들었던 것은 아니지만, 저희 동네에는 동독 출신이 많이 살지도 않았고 접촉할 일도 별로 없었어요. 아무래도 독일은 상대적으로 중심화되지 않은 나라이다 보니, 지역 갈등이 아직도 있는 것 같아요. 정치적인 것보다는 문화적으로요.

정 문화적으로?

조 아직도 서로 놀리고, 사투리를 우습게 여겨요. 아무래도 동독 출신이 차별을 많이 당하지 않을까 싶어요.

정 한국의 젊은 세대들은 북한하고 통일되면 굉장히 돈이 많이 들 거라고 생각하고 있는데, 거기에 우려할 만한 것들이 있을까요?

조 그렇게 느끼지는 않는데…… 부모님은 세금을 조금 더 많이 냈어요. 그래도 좀 어렵긴 해요. 통일 비용하고 관련되는 건지는 저도 잘은 모르지만, 독일은 아무래도 2000년대 즈음에 사회복지가 많았어요. 아무튼 독일도 1990년대부터 경제적으로 어려움을 겪었는데, 그게 통일 때문인지 다른 이유 때문인지는 저도 해석하기가 어렵고요.

정 1990년대 초반에는 오일쇼크로 인해 전 세계가 어려웠었는데…… 그런데 지금 경제적으로 보면 독일은 매우 강한 나라잖아요.

조　강한 나라죠. 특히 경제적으로요. 그런데 서독 출신 친구들 일상에는 큰 영향을 안 미쳤는데 동독 친구들한테 물어보면 달라요. 저보다 정확히 한 살 많은 친구한테 같은 질문을 했어요. 그 친구가 괴팅겐 근처에 있는 시골인 아익스웰드라는 지역에서 왔어요. 거기도 시골이에요. 거기에서 자랐고 라이프치히에서 대학을 다녔어요. 거기에서 쭉 살았는데 몇 년 전에 동네 언니가 결혼해서 결혼식장에 갔대요. 그 언니분은 동독 출신의 학교 교사인데 서독 출신 교사하고 결혼했대요. 그래서 서독 출신 친구들도 많이 오고 동독 출신 친구들도 많이 왔는데, 독일 결혼식 아시잖아요, 노래도 부르고 술도 먹고 하루 종일 놀고 여유롭게 놀잖아요.

정　아, 파티식으로…… 결혼식은 시청에 가서 간단하게 하고요?

조　맞아요. 파티 때 당연히 노래를 같이 부르잖아요. 옛날 서독 노래가 나올 때는 다 같이 불렀는데 옛날 동독 노래가 나올 때는 동독 출신만 불렀대요. 서독 출신들은 동독 대중문화에 대해서 하나도 몰랐던 거죠. 책이든 영화든 노래든. 저도 몰라요. 안 배웠거든요. 한국에서는 독일의 통일을 흡수통일이라고 하는데 독일에는 없는 말이에요. 저는 못 들어 봤어요. 그런데 문화적으로 봤을 때는 흡수통일이 맞을 거예요. 나머지는 잘 모르겠어요.

정 사실 동독의 문화나 전통, 사회주의 시절의 노래라든가 문화가 있었을 테고 그 이전에도 있었을 텐데요. 사회주의 시절이 동독 출신들에게는 중요한 자신의 정체성하고 연결되어 있는 건데 그런 것은 동독 사람들만 기억하고 있군요. 소위 통합된 독일 내에서 보자면 공유되지 못하고 있고요. 동독 출신들은 서독의 문화라든지, 특히 대중문화를 다 알고 있음에도 불구하고 그런 식으로 균형이 안 이루어져 있군요. 결국 문화적 해석 등이 필요한 내용이긴 하네요. 지금 한 이야기로 보자면, 그만큼 동독 출신의 경우엔 최근까지도 자신들의 문화가 아직 마이너리티로 치부되고 있다고 인식하는 거죠.

조 사회적인 피해자까지인지는 모르겠지만, 약자 정도로요.

정 그렇죠, 흔히 동독분들은 자기들을 2등 시민이라고 표현하는데 그게 여전히……

조 맞아요. 하지만 젊은 친구들은 이제는 안 그러지 않을까 싶어요. 세대가 달라지면서요. 트라우마가 있을지는 모르겠지만. 예전에 신문 기사 하나를 봤어요. 특히 여성을 인터뷰해서 썼던 기사였어요. 보통은 〈통일이 되어서 고맙다. 서독한테 배울 기회가 많다〉 이런 말을 하지 않으면 무시당했는데, 그 기사에서는 동독 출신들이 오히려 자신 있게 말을 했어요. 〈통일되면서 얻은 게 많았지만 잃은 게 더 많았다. 특히 여성으로서.〉 90년대의 독일은 아직 보수적인 사회라고 봐야죠. 아무래도 성적인 부분에 대해서 동독 여성들이 훨씬 더 자유로웠죠. 다들 직장 다니고 아이는 유치원, 어린이집에 보내고 맞벌이를 했죠. 그런데 갑자기 통일이 되면서 인프라가 없어졌으니까요. 오히려 발전된 느낌보다는……

정 후퇴된 느낌. 맞아요, 오히려 여성의 입장에서 보면요. 그런데 서독 출신으로 본다면 아까 통일 세대로서 이야기할 때 재밌었던 게 〈지역 간에 문화적인 차이가 있다〉는 말입니다. 독일은 워낙 지역 정체성이 강하고 제도적으로도 지방

자치가 강하죠. 정체성 같은 것이 강한 경향이 있어서 동서만 보는 것이 아니라 지역 간의 차이도 봐야 하고, 특히 종교 문화를 보면 남북 차이가 크다고 볼 수 있죠. 물론 어디든 상대적인 것 같아요. 한국도 전라도, 경상도의 지역감정은 옛날부터 국가적으로 조장된 것이 없지 않아 있죠. 독일은 통일이 되면서 많은 동독의 젊은사람들이 일자리를 찾아서 서독으로 갔고, 그래서 동독은 인구상으로는 굉장히 적죠. 아까 그 친구분도 국경 지역 근처의 동독에서 살다가 서독으로 와서 학교생활을 했다고 말씀하셨는데, 혹시 그런 분들을 학교에서 만난 적은 없나요?

조 아, 중학교 다닐 때 한 명 있었어요. 그 친구는 차별까지 인지는 잘 모르겠지만 사투리 때문에 놀림을 많이 당했어요. 쉽지 않았을 거예요. 2~3년 정도 같은 학교를 다니다가 다른 학교로 전학 갔어요. 지금은 어떻게 지내는지 모르겠어요. 그런데 그 외에는 동독 출신이 별로 없었던 것 같아요. 나중에 만났던 친구의 아버지 정도? 저희 동네가 동독하고 멀어서 그랬는지, 시골이라서 그랬는지 모르겠지만요. 동독 출신들도 큰 도시로 가야 될 거 아니에요. 저는 분단, 통일에 대해서는 학교에서 배웠어요. 물론 많이 배운 것은 아니었어요. 교육 제도는 제2차 세계 대전에 주로 집중하고, 냉전이나 통일 시기에 대해서는 그렇게 많이 집중하지는 않았던 것 같아요. 제가 학교 다닐 때는요.

정 방과후 프로그램으로는 무엇에 참여했었나요?

조 초등학교와 고등학교 때는 클럽에서 축구를 했었고. 그 외 이것저것. 시골이다 보니 남자아이들은 축구를 주로 하더라고요.

정 축구는 옛날부터 클럽들이 존재하면서 흔히 우리가 이야기하는 소속감Sense of belonging이나 내셔널리즘과 관계될 수 있죠. 방과후 프로그램을 하면서 이른바 애향심이나 내셔널리즘이 강조되느냐, 아니면 세계 시민이 강조되느냐가 교육 과정에서 중요하지 않았을까 예상되는데…… 내셔널리즘을 강조하는 것은 서독의 특성상 아니었을 것 같고요.

조 맞는 말씀이시죠. 아무래도 내셔널리즘이. 비판적으로 보자면 제2차 세계 대전의 홀로코스트를 반성하는 문화가 있잖아요. 어떻게 보면 그게 애국적인 것 같아요. 반성하는

일 자체를 되게 자랑스럽게 생각하는 것 같고.

정 독일 국민으로서 가져야 할 죄의식이라든지 이런 거 자체가 대단한 도덕심일 수도 있는 거잖아요.

조 내셔널리즘은 딱히 독일에서 잘 가르치지 않는 것 같아요. 되게 딴 이야기 같긴 한데 2000년대에 유럽에서 정치 교육적인 담론, 토론이 어떻게 보면 오른쪽으로 옮겨 가긴 했잖아요. 네덜란드에 우파당이 생기고, 이탈리아, 프랑스도 그렇고요. 독일은 항상 5~10년 늦게 생기더라고요. 아무래도 당당하게 내셔널리스틱한 것을 주장할 수가 없는 것 같아요. 독일에서 이런 생각, 개념이 없는 것이 아니라 공공연하게 말할 수 없는 거예요.

정 페기다Pegida(반이슬람 정치 조직)와 그 여파로 독일을 위한 대안당AfD(보수주의 정당)이 등장해서……. 나는 그게 상징하는 바가 있다고 생각해요. 그런데 흔히 우파라고 해서 독일 내셔널리즘의 성격만 지닌 것은 아니고요.

조 내셔널리즘은 안 들어 봤다고 할 수는 없고. 동독에서

AfD 정치인을 엄청 많이 뽑았잖아요. 예전에 동독에서 좌파당Die Linke을 많이 뽑다가 지금은 AfD로 옮겼어요. 끝에서 끝까지 옮긴 건데 그건 어떻게 해석해야 할지 저도 잘 모르겠지만 AfD는 아무래도 처음부터 내셔널리즘, 인종 차별적인 부분이 있었죠. 유럽 국가부채 위기 때 생겼잖아요.

정 그리고 유럽 난민 위기Refugee Crisis 때요. 포퓰리즘에 기대서 그런 정당도 생기는 거죠. 그런데 동독이 보수화되는 측면이 동서독 통합 자체가 잘 안돼서 실패한 데 대한 반발도 있다고 보는 시각이 있어요. 동독 지역에는 외국인들이 별로 살지 않는데 본인들이 2등 시민이 된다고 보거나, 혹은 상대적으로 서독에 비해서 경제적으로 뒤처져 있는 것에 대한 원인을 이주민 탓이라고 보는 거죠. 현재는 동독 지역이 비교적 많이 발전했음에도 불구하고 말이죠. 이런 현상들 때문에 흔히 동서독의 사회문화적 통합이 그만큼 어렵다고들 얘기하는데, 통일 세대의 입장에서 보면 이것이 그만큼 우려할 정도인가요?

조 두 가지 문제가 있어요. 하나는 말씀하신 부분이고, 두 번째는 동서독의 기억 문화에요. 아무래도 서독과 동독의 기억 문화가 달랐을 거 아니에요. 저도 서독의 기억 문화를 비판하지만, 서독은 세계 2차 대전에 대해 비교적 반성을 잘했는데, 동독은 제가 알기로는 그런 게 없어서요. 오히려 〈나치는 파시스트였고 우리는 파시스트가 아니기 때문에 더 이상 살펴볼 필요가 없다〉 이런 입장이었던 것 같고요. 사회적으로 담론도 없었으니까요. 내셔널리즘에 대해서, 인종 차별에 대해서 생각이 다를 수밖에 없다고 봐요. 제가 잘 모르기는 하지만 심지어 1980년대 독일이 통일되기 전에 동독에 Real Nazism(진짜 나치즘)이 생겼었어요. 그런데 그런 과거에 대해서 별로 반성하지 않는 것 같아요.

정 통일된 이후에는 동독의 학교도 서독의 교육 내용이 많이 포함된 것으로 배웠을 텐데요. 서독 같은 경우에는 학교에서 정기적으로 홀로코스트에 대해 교육하고 반성하고요.

조 요즘 젊은 독일인 친구들을 보면 〈우리는 왜 이렇게까지 배우나? 나하고 관계가 없는데. 할아버지, 아버지 때 문제였는데? 내게 왜 이런 죄책감을 느끼게 만드냐?〉라는 생각을 해요. 이민자 출신 2세와 3세도 비슷하고요. 아마 동독 친구들도 비슷하게 느끼지 않았을까 짐작해요.

정 독일 정부 차원에서도 이야기하지만, 통계가 보여 주듯이 동독과 서독의 차이가 그렇게 크게 났었는데도, 이제 경제적으로 많이 좁혀졌고 따라왔어요. 통일 세대 같은 경우에는 동서독의 문화적 차이도 생각의 차이라는 표현을 쓰고요. 동서독의 생각의 차이도 많이 없어지고, 오히려 그 차이에 대해서는 〈별로 없다〉라는 의견이 더 많고 〈여전히 있다〉가 적게 나오더군요. 통일 세대로서 동서독 통일 30년이 지난 지금의 통합 과정을 어떻게 보시나요?

조 아직 차이가 있을 거예요. 솔직히 말하면 동독에서 살고 싶지는 않아요. 우리 세대가 동독을 위험하다고 느끼는지는 잘 모르겠어요. 현재 정부에서 메르켈 총리 빼고는 동독 출신 장관이 한 명도 없을걸요? 동독 주지사 중에서도 서독 출신이 많아요. 제가 알기로는 서독에도 동독 출신이 별로 없을 거예요. 경제 분야도 마찬가지고요. CEO 중에 동독 출신은 많지 않을 거예요.

정 다 서독 출신이 하고 있고요.

조 아까 통일 비용 이야기도 나왔지만, 일반인들이 세금을 부담하기는 했어도 서독의 자본가나 대기업은 행복했을 거예요. 동독에 가서 부동산도 싸게 얻고 노동자도 생겼으니까요. 서독 자본가들 입장에서는. 한국도 비슷하지 않을까요? 내일이라도 통일이 된다면 제가 봤을 때는 대기업들은 이미 준비돼 있을 것 같은데요. 그래서 모르겠어요. 일반인한테는 부담일 수 있었지만 기업 입장에서는 좋았던 것 같고. 그런데 어떻게 보면 서독이 이겼잖아요? 지금 보면 동독은 졌고. 제 개인적인 생각인데, 만약에 다시 통일할 거면 다르게 해야 한다고 봐요. 조금 더 평등하게.

정　그러니까 사실 통일도 동독 사람들이 먼저 하자고 해서 동독인에 의해서 동독 정부가 바뀌는 개념이었고, 서독의 시스템이 그대로 들어오는 방식이었죠. 다만 초반에 그렇게 했음에도 불구하고 그 과정에서는 오히려 동독 사람들이 주도권을 가지고 통일을 진행한 것이 아니라 서독 사람들에 의해서 결국은 모든 시스템이 장악되었죠. 말 그대로 갑자기 통일이 되었다 해도, 동독 시민들이 혁명을 일으켰듯이 동독 시민들에 의해서 서독의 시스템이 들어와 단계적으로 변화할 수 있었다면 더 좋았겠죠. 경제적인 수치나 이런 것을 보면 동독이 당연히 옛날과 비교해서는 훨씬 더 좋아지기는 했지만, 만약에 그렇게 통일이 진행됐다면 상대적인 박탈감이 지금과는 다르지 않았을까 싶네요.

조   맞아요. 아마 한 세대 이후에는 다르지 않을까요?

2. 통일 독일과 비교해서 분단국 한국을 본다면?

정   조나단은 내셔널리즘에 대한 관심도 있어서 분단된 국가인 한국에 왔다고 했죠? 한국에 와서 5년 정도를 왔다 갔다 하고 있는데, 비교적 관점에서 한국의 분단 상태를 어떻게 이해하고 있나요? 한국의 분단 상태를 경계Border의 관점에서 본다면, 독일은 분단 시기에도 동서독 간에 상대의 TV 프로그램을 볼 수 있을 정도였고, 반면 한국은 육지를 통해서 국경을 넘을 수 있는 가능성도 아직까지 없고요. 그런 면에서 본다면 여기는 섬이나 마찬가지인데요.

조   훨씬 더 엄격하죠. 독일하고 비교가 안 될 정도로 엄격한 분단 체제예요. 제일 기본적인 차이는 독일에서는 내전이 없었잖아요. 동독이랑 서독은 내전이 없었어요. 처음 왔을 때 사실 저는 한국 전쟁을 내전으로 제대로 이해하지 못한 것 같아요. 나중에 알았는데 큰 문제가 아닐까 싶은데요,

서로가 서로를 죽였으니까, 내전으로요.

정　전쟁을 통해서 서로를 원망하는 것들이 있어요. 그런데 서로가 피해자일 수도 있으면서 가해자이기도 하단 말이에요. 그러면 피해자일 경우에 서로 위로를 해줘야 하는 것이고, 동시에 가해자이기 때문에 서로 미안하다고 할 수 있어야 해요. 독일은 홀로코스트 같은 경우에 반성을 계속하고 있는데 반해서, 여기는 모두가 피해자니까 벌써 70년이 지났는데도 원한에 사무쳐 있어요. 그 세대 사람들은 거의 다 세상을 떠났는데도 전쟁의 상흔으로부터 어떻게 극복해 나갈까 이런 고민이 여전합니다.

조　제가 현지 조사 박사 논문을 위해서 한국 온 때가 2018년 봄이었는데, 남북정상회담 직전이었어요. 한 달 전 즈음에 왔는데 그전에는 젊은 세대, 즉 20대, 30대, 40대 대부분이 분단, 통일, 북한에 대해서 별로 관심이 없는 것 같다고 생각했어요. 그런데 갑자기 그해 4월에 관계가 좋아지면서 주변 사람들이 너무 행복해하고 좋아하는 게 보였어요. 통일이 아니라도 좋은 관계가 됐으면, 오래도록 관계가 발전할 수 있으면 대부분 다 좋겠다는 거예요. 저도 놀랐어요. 감정적인 부분이 아직 남아 있구나. 어떤 친구가 자기가 관심이 있는 줄도 몰랐는데 TV 보면서 울었대요. 30대 친구였던 것 같은데, 신기하다고 생각했죠. 그 정도의 감정이 숨어 있었던 거죠. 아무래도 태어나자마자 어릴 때부터 분단에 대해서 배울 거 아니에요? 젊은 세대도. 그리고 다른 맥락이지만 작년인가 재작년인가 드라마 한 편이 나왔잖아요.

정 「사랑의 불시착」?

조 맞아요. 온 국민이 그 드라마를 다 좋아하는 거예요. 그런 걸 보면 상상하게 만들어요. 한동안 되게 비관적으로 생각했었는데, 아직은 오래된 잠재력이 있다고 봐요. 아무래도 예전에 분단, 특히 군사 독재를 겪어 본 사람들은 이런 감정이지 않을까요? 물론 한국 전쟁을 겪은 분들도 많이 돌아가시고. 슬슬 통일된 한국을 기억하는 분도 모두 없어질 테지요. 그래도 40대, 50대, 60대, 70대, 그런 분들은 아무래도 부모님한테 배워서 그런지 관심이 많잖아요. 그런데 그 이후 세대는 관심이 있을까 싶었는데, 관심이 아예 없는 건 아닌 것 같아요. 그들도 지금 상황을 바꾸는 걸 원하지 않을까요?

정 서로가 통일 자체는 두려워하는 것 같아요. 어떻게 보면 차라리 우리는 낮은 단계 통일이라고 해서 가족들 간에 서신도 교환하고 왕래도 하고 교류와 협력하는 것이 어떨까 싶어요. 사실 독일은 분단 시기에 그랬잖아요. 그러니까 독일 통일보다 독일 분단 시기를 우리가 공부하는 것이 더 필요하겠다는 이야기를 하고 있어요. 지금 논문 준비하면서 사람들하고 인터뷰도 하고 있죠? 아까 서쪽 지역, 북한 경계선 지역에서 어떤 동향 같은 것을 파악했나요? 그걸 통해서 보고자 했던 한국의 내셔널리즘이라든지 냉전의 성격은 어떤지요?

조 제가 북한 경계선 지역에서 만나는 분들 대부분이 다 이 시스템을 바꾸는 것을 바라는 사람들이에요. 어떤 면으로 바꾸고 싶은지는 잘 모르겠지만요. 그러니까 그 지역에 있는 분들은 이 지역을 이 상태로 계속 유지하면 안 된다고 생각해요. 생태계를 위해서든, 농사를 짓고 싶어서든, 땅 투기를 위해서든. 대부분 오래전부터 정치적으로 진보 성향을 갖고 있는 것 같고, 다른 분단 체제나 경제 체제를 원하는 것 같아요. 제가 봤을 때는요.

정   국경 지역인 파주나 이쪽 분들은 일단 당연히 안보의 개념으로 국방을 잘 지켜야 된다, 적이 쳐들어오지 못하도록 해야 한다, 이런 입장일 거예요. 그런데 휴전 상태에서는 소위 옛날에 대북 단체들이 풍선 보내고 할 때 공격할 수도 있다, 이런 이야기를 했기 때문에 기본적으로 이분들은 삶의 터전이 불안전하다고 느낄 테고요.

조   그 지역에 있는 분들이 하는 말이, 옛날에 사람들이 많이 안 왔대요. 안전하지 않다고 느껴서. 그런데 오히려 지금은 〈안전하다, 왜냐하면 지금 전쟁 일어나도 보병이 오는 것이 아니라 미사일을 쏘기 때문에 오히려 여기는 안전하다. 미사일도 남쪽으로 갈 테니까〉 이런 말도 하시더라고요. 장난인지 진심인지 구별은 안 되지만 그 지역에서 몇 번 들었어요.

정   아까 서쪽 경계 지역에 사시는 분들이 평화에 대한 개념을 더 많이 생각한다고 했죠? 그러면 그분들이 생각하는 평화는 어떤 건가요?

조   좋은 질문이네요. 일단은 휴전선이라는 것을 없애고,

그 지역에 대한 군사화를 없애길 바라고, 북한과 한국이 국가 간에 교류를 하고 평화 선언도 하길 원하는 것 같아요. 그렇긴 한데 구체적으로 정확히 무슨 평화인지 저도 잘 알지는 못합니다.

정   한국에서 지금 평화가 굉장히 큰 화두로 계속 활용됐는데, 그 평화 자체가 하나는 굉장히 이상적인 상황이라고 볼 수도 있겠지만, 다른 하나는 목표라고도 할 수 있겠죠. 그러나 사실상 간디의 표현으로 본다면, 〈평화로 가는 길은 없죠 There is no path to peace〉.

조   음, 〈평화가 길이죠 Peace is the path〉.

정   한국에서 살고 있는 북한이탈주민 중에는 이런 이야기도 하잖아요. 3만 명 정도의 북한이탈주민도 포용하지 못하면서 어떻게 3천만 명을 포용할 수 있겠냐. 동서독 통일 과정이 서독화되는 거였다면, 남북한의 통합도 남한화되는 것이라고 생각하는 경우가 있죠. 그러면 내가 되물어요. 〈지금 남한의 시스템이나 남한 사회가 행복한 사회입니까?〉 〈북한도 남한처럼 되는 게 좋은 것 같습니까?〉라고요. 왜냐하

면 젊은 사람들이 이곳을 헬조선이라고 부르잖아요. 조나
단은 한국 또래들하고 어울렸을 텐데, 그들은 한국 사회를
어떻게 바라보고 있던가요?

조   다 헬조선, 탈조선 떠나고 싶다, 최악이다, 이런 말을 많
이 들었죠. 아무래도 좋은 사회는 아니라고 보는 거죠. 어릴
때부터 고생하고, 경쟁도 심하고, 쉴 데가 없고 불안하고, 학
교부터 직장까지. 아이를 낳을 수도, 키울 수도 없는 사회.
직장까지 안정적이지 않은 사회. 그래서 항상 저한테 말해
요. 〈아, 유럽 사람들 열심히 안 살아서 부럽다.〉 대충 일하
고, 5시에 퇴근하고 집에 가면 쉬고, 독일 학생들은 한국 학
생만큼 열심히 공부하지도 않아서 부럽다고. 그런 말을 제
가 많이 들었어요.

정   그 말이 맞다고 봐요? 어떻게 생각해요?

조   저는 직장 생활을 안 해 봤으니까, 잘 모르기는 한데, 어
느 정도 유럽에 대한 환상이 있는 것 같아요. 헬조선, 탈조선
이런 말은 많이 들어봤는데, 오히려 해외에서 살다가 한국
으로 들어온 사람들은 생각이 다르더라고요. 해외에서 살

던 우리가 더 별로라고, 외국인으로 살면 쉽지 않다고요. 물론 해외에 남아 있는 분들은 어떤지 모르겠지만요. 그런데 독일에도 한국인 친구 몇 명 있는데 절대 돌아가고 싶지 않다고 해요. 지금 삶이 너무 여유로워서.

정 그건 학생들인 경우가 그렇지 않나요? 본인들이 돈 벌면서 사는 것은 아니기 때문에.

조 그렇죠. 제가 한국에서 만나는 분들은 고학력자가 아니더라도 어느 정도 좋은 대학에 나왔고, 괜찮은 직장에 다녀요. 힘들게 살긴 하지만요. 그분들은 독일에서 같은 급의 사람들하고 자신을 비교하는 것 같아요. 제가 알기로는 유럽 내에도 저임금을 받는 사람들의 대단히 큰 영역이 존재해요. 열심히 일해도 살기 어려운 사람, 살아남지 못하는 사람들이 많아요, 독일에도. 열심히 일하는데 월급이 부족하다는 사람도 많은데 그런 사람들하고는 비교하지 않고 아무래도 잘사는 사람들하고 비교하는 것 같아요. 그 비교 대상이 맞는지 안 맞는지는 잘 모르겠어요.

정 그러니까 독일은 다들 고만고만하게 살게 해놓은 것 같아요. 여기처럼 더군다나 무슨 부동산 때문에 갑자기 벼락부자가 되는 경우는 드물고. 솔직히 여기서 수십억 자산가가 된 사람들 많이 있잖아요. 독일에서는 그렇게 되는 경우는 거의 없고요. 버는 월급 그대로 세금, 연금 내다 보면, 특히 월세 내면 남는 것도 없고요. 그건 그렇고, 다음 질문인데, 조나단은 북한에 대해서 어떻게 생각하고 있어요?

조   저는 항상 제가 북한학자는 아니라고 말해요. 당연히 북한에 대해서 알긴 알아야 하는데 인류학자로서도 방북 기회가 없었으니까, 한계도 있고요. 모르는 것도 많고 부족한 것도 많아요. 북한학자는 아니지만 관심은 있죠. 하지만 아는 게 많지 않은 것 같아요.

정   예전에 연변에 가서 북한학자들하고 같이 만난 느낌이 어땠나요? 그때 처음으로 북한에서 온 사람들을 직접 본 거예요?

조   맞아요. 북한이탈주민도 대부분 한국에서 오래 살던 분들을 만났으니까, 평양에서 온 분은 처음 만났어요. 저는 사실 북한이탈주민들을 많이 만났으니까 북한 사투리도 금방

문제없이 알아들을 줄 알았어요. 근데 거의 못 알아들었어요. 거기에 조선족분들도 있었고 일본, 중국, 러시아 쪽에서도 왔고, 한국에서 오신 분들도 많았어요. 그런데 북한분들하고 대화할 때는 거의 못 알아들었어요. 북한이탈주민 대부분이 얼마나 열심히 사투리를 숨기는지, 서울말을 얼마나 열심히 쓰는지 그때 깨달았어요.

정　북한이탈주민들하고 만나서 이야기할 때, 그들이 경험한 서울에서의 삶이 어땠다고 표현하던가요?

조　아시겠지만, 제가 봤을 때 제일 중요한 부분은 몇 살 때 넘어오는가예요. 그런데 대부분 젊은 친구들은 한국 사회에 대해서 되게 비판적으로 생각해요. 무시하는 건 아니에요. 이방인이고 경계인이다 보니까 되게 비판적인 눈으로 한국 사회를 살펴보고 해석하는 것 같아요. 제가 만난 분들 중엔 생각이 깊은 사람들이 많았던 것 같아요.

정　혹시 기억에 남는 사례가 있다면?

조　딱히 기억 남는 사례는 아닌데, 북한이탈주민 친구랑

한동안 독서모임을 했어요. 거기에서도 많은 말이 나오고 개인적인 말도 많이 했는데, 그 친구도 북한에 돌아가고 싶다고 하지는 않았지만 한국 사회에 만족하지는 못한 것 같았어요. 그래도 양쪽 다 경험해 봤으니까 호기심도 많고 알고 싶은 것도 많았던 것 같아요.

정　북한이탈주민들 중에도 외국에 나가는 분들이 많아요. 다른 나라를 경험해 보고 싶어 하고. 그러면 한국과 독일의 문화적인 관점을 아까 통합이라는 개념으로 놓고 봤을 때, 다문화주의·상호문화주의 이런 차원에서 그들을 어떻게 포용하고 있는지, 어떻게 대하고 있는지 양국의 유사점이나 차이점이 있을까요? 조나단은 독일 사람이고, 독일에서 태어났고 독일에서 자랐지만, 부모님은 아프리카쪽 분들이니까 친구들이 외국인 취급을 하는 경우는 없었나요?

조　저희가 시골에서 살아서 그런지 차별을 많이 당했어요, 어릴 때는 심했어요. 다행히 어리면 어릴수록 잘 모르잖아요. 그래서 저는 다행이었지만 지금 그때로 돌아가면 그 동네에서 절대로 못 살 것 같아요. 시골이다 보니까 심각하긴 했었고, 가끔씩 위험할 때도 있었고요.

정 거기에는 다 백인들만 살고 있었나요?

조 거의 그렇죠. 한국도 외국인이라서 피부색이 다르면 쉬운 사회는 아닐걸요? 안 당한 지 오래됐지만 식당에서 김밥 먹거나 택시 타거나 할 때, 중년 아저씨, 아주머니들이 저한테 어디서 왔냐고 물어봐요. 미국에서 왔냐고. 아무래도 미국 흑인 이미지가 좀 애매하잖아요. 〈아니요.〉 그러면 〈아프리카?〉 〈아닌데요.〉 그러면 다시 〈아랍, 인도?〉 다시 〈아닌데요.〉 그러면 어디서 왔냐고요. 〈독일에서 왔어요〉라고 하면, 〈Germany, good country(독일, 좋은 나라)〉 이런 반응이었어요. 표정도 바뀌고 태도도 바뀌는데…… 진짜 아프리카에서 왔다면 반응이 어떨까 하는 생각도 많았죠. 저는 한국에서 차별을 당하거나 그런 적이 별로 없는데, 좋은 쪽으로 차별하는 건 긍정적 차별이라고 하잖아요. 오히려 혜택을 받을 때도 많았고, 가끔씩 친해지는 것도 쉽고요. 한국으로 공부할 목적으로 왔거나, 서양에서 왔으면 아무래도 쉬운 것 같아요.

정 하긴, 출신 국가라든지 피부색도 있겠지만 중요한 것은 어떤 위치로 한국에 와 있느냐겠죠. 그러면 한국에도 에티오피아 출신 노동자들이 좀 있나요? 혹시 만나 본 적은 있는 지요?

조　만나 봤어요. 노동자, 대학생, 난민도 만났고요. 아무래 도 대부분 향수병을 앓고 있는 것 같았어요. 통합이 쉽지는 않은 것 같아요.

정　부모님은 독일에 어떤 일로 오신 거예요? 시골에 가서 사셨어요?

조　왔다 갔다 하셨어요. 저희 어머니는 이탈리아에서 살다 가 독일로 갔었고, 저희 아버지는 이집트인가 사우디인가 거기에서 살다 독일로 갔었고요. 그런데 아버지는 난민 신청을 해서 독일로 간 경우예요. 난민 신청을 하면 선택할 수 없잖아요. 그냥 보내지는 대로 가는 거고. 두 분은 독일에 서 만났어요.

정　독일에서 부모님은 이방인이었지만 조나단은 독일인 이었는데, 혹시 그래도 이방인이라는 느낌을 받은 경우가 있나요?

조 많아요, 아직도 많아요. 가끔 독일에서 사람들이 길 가다가 저한테 영어로 말을 걸어요. 제가 독일어로 대답해도 계속 영어로 말해요. 〈어디서 왔나?〉라고 물어봐서, 독일어로 대답해도 〈진짜 어디서 왔냐?〉라고 다시 물어봐요. 저는 한국보다 독일에서 이런 일을 많이 당하는 것 같아요. 한국에서는 독일에서 왔다고 하면 오케이죠. 제가 봤을 때는 독일이든 유럽이든 이민자한테 좋은 상황이 아닌 것 같아요. 제가 80년대, 90년대 자랐으니까 지금은 바뀌었는지 모르겠어요. 미국에도 친척이 있는데 그쪽이 훨씬 더 편하게 자랐던 것 같아요.

정 독일이 여전히 제2의 이민국이잖아요. 미국 다음으로 이민자가 많은데도……. 심지어 내 동료도 독일에서 나고 자랐는데 이사할 때 내가 도와주니까 이웃 사람이 어디 사람이냐고 물어보더라고요. 한국에서는 북한이탈주민들 경우에는 한국 사람처럼 보이기 위해서 말투도 바꿔야 해요. 생긴 건 비슷하니까. 그런데 혹시 티가 나면 본인들이 북에서 왔다고 하기보다는 조선족이라고 이야기하는 경우도 있다고 해요.

조 네. 어떤 사람들은 강원도에서 왔다고 창피해하지 않고 당당하게 말하기도 하고요. 사람마다 다른 것 같은데 아무래도 숨기는 쪽이 많죠. 제가 독일에서 아는 분은 60세이신 것 같은데, 통일되기 전에 동독에서 서독으로 탈출하셨어요. 탈출하고 서독 에센에서 살았던 것 같아요. 그런데 그분이 통일되기 전에는 차별 같은 걸 한 번도 안 당했대요. 동독 출신이라서 차별당한 적은 없다고요. 통일되고 나서 갑자기 차별이 생겼대요. 한국에는 벌써 이만큼 차별이 있는 게 무섭더라고요. 아직 통일도 안 된 상태인데, 비교하자면요.

정 아, 남북한이 통일이 되지 않았는데 이미 북한 사람들에 대한 차별이 있다는 것 자체가 독일과 비교한다면 놀랄 일이다?

조 다른 사람들한테 물어보면 다를 수도 있어요. 근데 그분 말로는 통일되기 전에 한 번도 차별 안 당했다고, 사람들이 어디서 왔냐고 물어보지도 않았다고 해요.

3. 수도들이지만 다른 의미: 베를린과 서울, 평양

정 내셔널리즘이라고 하면 결국 민족국가 프레임으로 정

체성을 보는 거지만, 독일 같은 경우에도 베를린이라고 하면 어떤 사람은 〈아니, 거기 독일 아니야〉 이런 식으로 얘기할 정도로 베를린의 정체성이 따로 있잖아요. 북한 같은 경우에는 평양과 비평양이 완전히 구분되니까, 그만큼 평양이 독특한 거고요. 한국은 서울에 사람이 다 몰려들고 이러는 것이 바로 서울이 지니고 있는 독특한 지위 때문에 그래요. 서울과 평양을 바라보는 관점이 독일 내에서 베를린을 바라보는 관점과 차이가 날 거란 말이에요. 독일에서는 베를린이 수도이긴 하지만 〈오, 베를린〉 이러진 않아요. 그러기보다는 괴팅겐의 어떤 분이 그러더라고요 〈거기는 사람들 말하는 것도 사투리 쓰고 되게 웃긴데.〉

조 맞아요, 맞아요.

정 그러나 중요한 것은 베를린은 분단과 통일을 경험했다는 역동성이 있고, 서울과 평양은 각각 자본주의냐 사회주의냐 하는 자신의 이데올로기와 시스템 차원에서의 경쟁 관계에 있죠. 혹시 서울에서 독일 사람으로서 경험했겠지만 주변의 한국 친구들을 봤을 때 서울 출신과 비서울 출신의 구분 같은 것이 있나요? 그런 것을 민감하게 생각하나요?

조 제가 들었던 이야기인데, 열 살 때인가 미국에 갔다가 대학 때 한국으로 돌아온 친구 이야기예요. 저보다 몇 살 어려요. 그 친구가 대학 1학년 때 엠티에 갔을 때 선배한테 들었던 말이 〈전라도 출신 차별하지 마라, 전라도 친구 차별하지 마라〉였어요. 그 친구는 미국에서 자랐으니까 전혀 맥락을 몰랐죠. 서울 출신, 비서울 출신은 두 가지일 거예요. 일단 하나는 경상도 남자들은 서울 와도 사투리가 안 없어지고, 경상도 여자들은 서울말을 해요. 서울, 비서울과 젠더와 관련된 것인데 경상도 남자들은 당당하게 서울에서 10년, 20년, 30년 살아도 경상도 사투리를 쓰더라고요.

정 여자들은 그냥 서울말을 쓰고요?

조 제가 봤을 때는 정확히 구분이 안 되는 거지만 경상도 남자들 만날 때는 어느 정도 티가 나요. 그런데 여자는 오래 들어야 알 수 있어요. 그리고 교육 면에서 서울에서 태어나서 살면 서울에 있는 좋은 대학에 들어갈 가능성 훨씬 높잖아요. 주변에 서울 출신들이 많아요. 그리고 아시겠지만 서울로 〈올라간다〉는 표현을 쓰잖아요. 그런 개념이 독일에는 없어요. 독일은 워낙 중심화되지 않은 국가이다 보니, 베를린 사람도 사투리가 이상하다고 무시당하고요. 독일 사람들은 베를린을 독일 중심이라고 생각하지는 않아요. 서울은 아무래도 모든 것의 중심이다 보니, 올라간다든지 내려간다든지 그런 말을 쓰죠.

4. 독일과 한국의 MZ 세대

정 서울에 살았으니까, 한국 사람들의 삶의 모습을 봤을 때 문화적으로 긍정적인 것과 부정적인 것이 있다면요?

조 한국 친구들, 아까 헬조선, 탈조선 이런 말이 나오는게 물론 슬프다고 생각할 수 있지만 저는 긍정적으로 생각해요. 오히려 젊은 한국 친구들은 비판 의식이 어느 정도 있다고 봐요. 지금 있는 사회에 만족하지 않기 때문에 만족하지 않는다고 대놓고 표현하잖아요. 독일 친구들을 봤을 때, 그렇게 정치와 사회에 대해서 관심이 있는 사람들은 많지 않아요.

정 지금 한국 사회를 비판하고 있는 젊은이들의 의식이라든지 그런 것이 오히려 긍정적으로 보이고, 반면에 독일 친구들은 그냥 그러려니 시스템에 젖어서 살아가는 것 같다고 하셨는데 저는 그러는 이유가 있을 것 같아요. 그 이유 중 하나는 독일의 젊은 친구들은 그런 것을 걱정할 필요가 없기 때문일 거예요. 왜냐하면 본인들은 굉장히 부자인 상태로 살 수도 있으니까요. 위에 할아버지 때부터 쌓아 놓은 부가 자기들한테 고스란히 안정적으로 올 수도 있고, 굉장히 넉넉한 삶을 살고 있기 때문에 그런 것에 관심을 두기보다는 벽지 색깔을 어떻게 바꿀 것인가를 고민하게 되겠지요.

조   어떻게 보면 배불렀다고 봐야 할지, 좋은 건지 아닌 건지 잘 모르겠어요.

정   반면에 한국에서는 주변 외국인들 눈에도 젊은이들이 굉장히 소비성이 강하다고 여겨지죠. 독일에 비해서 풍족하게 사는 느낌? 스타벅스 같은 데 가더라도 다 젊은 친구들이 앉아서 커피 마시고 빵 먹으면서 공부하고 있죠. 놀러 가는 것도 잘 놀러 가는데, 그렇다고 본인들이 경제생활을 많이 하는 것은 아닌 것 같고요.

조   맞아요. 돈이 어디서 나왔나 궁금하더라고요.

정　그러면 안 물어봤어요?

조　실례될까 봐요. 가끔 물어보기도 했는데 부모님한테 받았다고 하거나, 직장에 다니고요. 저도 독일 사람이라서 그런지 돈에 대해서 이야기를 꺼내기 쉽지 않더라고요.

정　외국, 더구나 독일에서 와서 공부하고 있다고 하면 친구들이 굉장히 부잣집에서 왔다고 생각하고 이야기하지 않나요?

조　물어봐요. 〈어떻게 사냐. 생활비 어떻게 하느냐〉고요. 그럼 〈아니, 나 돈이 없는데 장학금 받고 있는 거다〉라고 하면, 항상 저를 많이 걱정해요. 제 생활비가 부족할까 봐 밥도 사주고 싶어 하고. 그래서 〈아니, 필요 없다. 돈은 충분히 있다. 부자는 아니지만 월세는 낼 수 있고 내 밥 살 수 있는 정도는 된다〉 그 정도로 말하는데 안 믿어요. 특히 저보다 나이가 많으면 〈아니, 상관없다. 사주겠다〉 하는 분들도 많아요.

정　걱정해 주면서 어떻게 사느냐 궁금해하잖아요. 대표적으로 한국도 취업 전쟁이라 취업에 대해 많이들 걱정하는데, 독일도 취업이 막 잘되고 있는 것은 아니죠?

조 아까 말한 것처럼 유럽 생활을 한가하다고 흔히 생각하는데, 유럽도 대학 졸업했다고 바로 취직되는 건 아니잖아요. 주변 사람들도 얼마나 고생하는데요. 박사 학위를 따는 데도 1년 넘게 취업이 안 되고, 경영학, 엔지니어 박사를 땄는데도 바로 취직이 안 되는 경우가 얼마나 많은데요.

정 젊은이들의 문화, 지금 어쨌든 우리가 MZ 세대라고 하는데, 독일은 그런 표현을 쓰나요? 요즘 한국에서 20~30대를 지칭하는 표현인데, 무엇의 줄임말인지는 나도 생각을 못 했는데. 새로운 2030.

조 아마 밀레니엄 세대Millennial Generation?

정 90년대에 태어난 사람들을 중심으로 한 20대에서 30대까지 그들이 가지는 독특한 세대 문화가 있다는 거죠. 그런데 저는 그렇게 세대를 확실히 구분할 수가 있는 것인지 의문이 들죠. 오히려 세대 내에서도 계층도 있고 성별의 차이도 있는데, 하나의 세대로 묶는다는 것은 문제가 아닌가 하고요. 독일의 경우에는 68세대 이후에 따로 세대를 이야기 하는 건 별로 없지 않나요?

조 저는 항상 통일 세대, 통일 베이비라고 불렸지만, 독일 어에는 MZ 세대 같은 표현이 딱히 없는 것 같아요. 요즘 한 국에서처럼 세대를 분리하는 개념은 없어요.

정 그러면, 한국의 20~30대 문화가 독일의 20~30대 문 화와 다른 점은 무엇이 있을까요? 아까 이야기한 취업, 경 쟁, 소비 같은 경제적인 삶의 측면이 하나 있고, 생각하는 방 식은 한국이 아직 서양보다는 개인주의가 그렇게 크지 않은 것 같아요. 학교에서도 그렇고, 여전히 집단주의 같은 것이 강하게 존재하고 있어서 왠지 모르게 어디인가 소속되어야 한다는 강박관념? 이런 게 좀 다른 것 같아요.

조 맞아요. 단순한 차이인지 모르겠지만 처음에 한국에 왔 을 때 놀랐던 것은 집단주의 때문에 새로운 사람을 만나기 쉽지 않다는 거예요. 어디에 소속돼 있지 않은 경우에는 친 구의 친구를 만나기가 쉽지 않아요. 독일이라면 내 친구도 초대하고 이 친구도 초대하고 저 친구도 초대해요. 다들 처음 만났지만 그 두 사람이 친구가 되든 안 되든 자기들끼리 알아서 하면 돼요. 그런데 한국에서는 고등학교 동창이면 동창끼리 만나고, 대학 동아리 친구면 동아리 친구끼리 만나고, 헬스장 친구면 헬스장 친구끼리 만나요. 아무래도 집단주의가 되게 강하다고 느꼈어요.

5. 휴전국 한국의 신기한 부동산

정 　논문에서 다루는 지역이 국경 지역이기도 해서, 부동산 관련해서 좀 물어볼게요. 한국 사회가 불안하고 어떻게 보면 말 그대로 분단 상황에서 언제 전쟁이 날지도 모르는 상황이에요. 그런데 부동산이라는 것은 기본적으로 서양의 관점에서는 제가 알기로는 장기 투자죠. 하지만 한국에서는 굉장히 단기 투자처럼 여겨져서 어불성설이 있는 것 같아요. 특히 언제든지 부서질 수 있는 곳이라면 그렇게 비쌀 이유가 없잖아요? 부동산 입장으로 보면, 우리는 전쟁에 대한 위협을 전혀 느끼지 않고 있는 것 같아요. 안보에 대한 위협이 있다고 생각하는 나라가 아닌 것 같은 거지요. 안보는 강조되고 부동산은 호황인 이런 상황을 인류학적으로 어떻게 해석하고 싶은가요? 논문과 관련해서.

조 아직 그걸 잘 모르겠어요. 저도 해석 중인데 이해가 안 가죠. 부동산 개념이 서로 다른 것 같아요. 독일말로 부동산이 Immobilie이잖아요, 움직일 수 없는 재산. 유럽에 아파트가 없는 것은 아니에요. 하지만 대부분 부동산이라고 하면 유럽에서는 땅, 집이라고 생각할 거고, 한국에서는 아파트잖아요. 분양 아파트 같은 거요. 그걸 사람들이 미리 사놓고요. 되게 신기해요. 어떻게 보면 비무장 지대 부동산도 비슷해요. 땅이지만 갈 수도 없고 위성사진으로만 확인할 수 있고 그렇잖아요. 실제로 만질 수 있는 것이 아니기 때문에 비현실적인 것인데, 그런 투기가 있어요.

정 그런데 출입통제 지역, 비무장 지대를 남쪽 사람들이 산다고요?

조 땅을 살 수는 있어요. 남쪽 부근. 민통선에서 아주 멀긴 한데, 비싸기도 하고요. 아무래도 부동산 개발 마인드와 관련돼 있는 거죠.

정 물론 서울도 글로벌 도시니까 프랑스 파리, 독일의 뮌헨이나 프랑크푸르트, 베를린, 영국의 런던, 일본의 도쿄,

미국의 뉴욕, 워싱턴, LA, 이렇게 큰 도시와 비교해 본다면 여전히 집값이 그렇게 높은 것은 아니라는 이야기가 있어요. 그런데 하나의 차이점이 있다면 부동산 보유율이죠. 독일 대도시 같은 경우에는 대부분 월세로 사는데, 그 이유가 그런 건물이 기업화되어 있기 때문이잖아요. 반면 한국에서는 개별 아파트를 개인이 소유하고 투자하는 측면이 있어요. 게다가 서양의 경우에는, 괴팅겐 시내만 하더라도 1600년대, 1700년대 지은 집이 그대로 있잖아요. 그리고 아무리 최근에 지었어도 1970년대에 지은 거지요. 그런데 한국은 20~30년 만에 한 번씩 재건축을 한단 말이지요.

조 저는 그 개념이 처음에 이해가 안 됐어요.

정 재건축을 하면 가격이 또 확 올라가지요.

조 한국은 자본이 집중화돼서 그럴까요? 독일에는 부자가 많잖아요. 굳이 이렇게 부동산 투기를 통해서 돈을 벌지 않아도 잘사는 사람 많죠. 한국에서는 그렇게 부자가 된 사람들이 있고 그 밑의 계층도 부자로 살고 싶어서 투기를 해요. 특히 큰 차이라면, 독일에서는 월세가 무기한 계약인데 반해 한국은 계약 기간이 2년, 3년, 4년이잖아요. 집 구하고, 또 집 구하고 이사하고, 계속 이사하고 몇 년마다 이사하고. 독일에서는 월세를 내더라도 한번 괜찮은 집을 구하면 계속 살 수 있어요. 월세도 많이 안 올리고, 그렇게 20년, 30년을 살죠. 한국에서는 이런 안정감이 없죠.

정 맞아요. 여러 가지 시스템의 차이도 있고 한국에선 많은 국민이 다 부동산에 집중하기도 하고. 젊은 사람들도 〈영끌〉해야 한다고 많이 이야기하죠.

조 그게 무슨 뜻이에요?

정 영끌, 영혼까지 끌어다 모아서, 그러니까 자기가 할 수 있는 모든 것을 동원해서 집을 사는 거죠.

조 영혼을 판다 Selling the Soul?

정 그렇게라도 해서 어쨌든 집을 구하고자 하는데, 이러다 보니까 은행 대출도 마구 받아서 젊은 세대들의 대출 비중이 너무 커지는 바람에 대출을 규제하고 있단 말이죠.

6. 패러다임의 전환을 바라며

정　독일과 한국을 여러 가지 점에서 비교할 수 있겠지만, 남북한의 통일의 가능성과 그러기 위한 우리의 노력으로는 어떤 것들이 있을까요?

조　제가 경제학자도 아니고 정치학자도 아니지만, 만약에 국민들이 통일을 원한다면 한국 사회도 어떤 담론으로 통일을 이야기할 건지 고민해 봐야 하죠. 제가 봤을 때는 한 민족이라고 당연하게 해결될 일은 아닌 것 같고, 국민들이 왜 통일을 원하는지 이런 아이디어가 있어야 한다고 봐요. 2018년 이후로 점점 그렇다고 생각하는데, 그러면 통일이 아니더라도 어떤 거대 시스템이 생길 수 있지 않을까요? 어떤 모습으로든 변화를 원하게 되지 않을까요? 극우든, 좌파든, 젊은 사람이든, 나이 든 사람이든 대부분 기차로 유라시아에 가보고 싶지 않을까요?

정　음 그러니까. 일단 지금보다 조금 더 이동이 자유로워지면 적어도 남한 쪽에 쏠려 있는 과열된 경쟁과 일자리, 심지어 부동산까지도 많은 문제들을 해소할 수 있을 텐데요.

조　맞아요. 군대까지 걸려 있잖아요. 그래서 많은 혜택을 볼 수 있다고 봐요.

정　한국 사회의 젊은 친구들이 경험하고 있는 갈등을 해소하기 위해서는 어떻게 하는 것이 좋을까요?

조　아까 젊은 친구들이라서 긍정적으로 말했었는데, 부정적으로 보자면 많이들 자기중심이 센 것 같아요. 아무래도 남에 대해서 이해하지 못하고 그런 것 같아요. 자기 피해에 대해서만 보고.

정　그렇지요. 그런 경향들이 근원적인 문제인 것 같아요. 구조적인 문제까지는 잘 안 들여다보고.

조　맞아요. 그리고 심지어 자기는 차별당한다고 비판하는데 심지어 다른 사람을 차별하기도 하죠. 2018년이었던 것 같은데, 익스트림 페미니스트Extreme Feminist 시위를 하는데, 그건 괜찮은데 한편에선 난민 반대 시위를 해요. 약자로서 다른 약자를 차별하면 안 되잖아요. 통일이든 사회 갈등이든 서로에 대한 이해심이 필요해요. 물론 이게 너무 히피

hippie한 말인지는 잘 모르겠어요. 한국 사회에도 서로에 대한 이해심이 더 필요한 것 같은데, 교육 제도를 새롭게 만들 수 있지 않을까요?

정 그런 것 같아요. 집단주의가 강하면서도 개인주의 성향이 있다고 볼 수 있는데, 개인주의 자체가 자기 자신에 대한 존엄성을 충분히 갖추게 되면 다른 사람들도 동급으로 인정해 주고 받아들여야 하는 거잖아요. 그런데 개인주의가 이기적으로 변질되면 자기중심적 태도가 강해지죠. 살기 각박해지고 다 힘들다고 생각하니까 〈다 힘든데 너만 힘드냐〉 이런 표현을 쓴단 말이에요. 우리가 내셔널리즘이라고 하면 배타적인 내셔널리즘을 보려고 하겠지만 포용적인 내셔널리즘이 되어야겠지요. 내셔널리즘도 일종의 상상의 공동체라고 한다면 결국은 나와 내 가족을 넘어 더 넓은 범주의 공동체 의식이 필요한 거죠. 국가적으로 세금을 잘 내고 다른 사람들을 공평하게 살 수 있게 하는 이런 개념이 있어야 하는데, 그런 것들이 부족한 상황이 아닌가 싶어요.

조 정답입니다.

정　그래서 패러다임을 바꿔 나가는 노력이 치밀하게 이루어지면 좋겠지만, 그런 계기들이 있었음에도 그 이후에 진행되는 또 다른 민주주의의 질적인 전환에 있어서 아직 미흡하지 않았나 생각해요. 물론 실패도 결과 중심적인 것이지만, 이런 과정 안에서 나타날 수 있는 또 다른 표현이죠. 우리는 대통령 단임제라서 5년 단위로 무조건 끊어 줘야 돼요. 여기는 무슨 제도나 시스템이 5년 단위여서 그 사람 임기 때 다 해야 하는데, 독일은 어느 당이 집권하든 나름대로 지속성을 가지는 정책들도 있잖아요. 결국 지금 한국은 정치, 교육 시스템 등 여러 가지 변화가 필요한 시기라는 생각이 들더라고요. 저는 오늘 참 재밌는 대화였다고 생각하는데, 어땠나요?

조　저도 그렇습니다. 도움이 됐는지는 모르겠지만, 저도 많이 배웠던 시간인 것 같아요.

북한 청년의 베를린과 서울살이

형형한 눈빛이 예사롭지 않았다. 호기심과 배움의 열정이 느껴졌고, 깊은 눈망울은 많은 이야기를 품은 듯 우수에 젖어 있었다. 맨 처음 이혁(가명) 씨를 보았을 때의 인상이다. 그는 베를린에 온 지 몇 개월쯤 지난 풋풋한 청년이었다. 정치학 분야 쪽의 공부를 더 하고 싶어 베를린에 왔다고 했다. 그의 고향은 북강원도였다. 한반도에서 남북으로 나뉜 유일한 강원도의 북단. 나는 그와 동향인 셈인데, 한 번도 북강원도를 방문할 기회가 없었다.

베를린에는 재독 대한민국 대사관도 있고, 재독 조선인민민주주의공화국 대사관도 있다. 이혁 씨는 북쪽 출신이긴 하지만 북한 대사관을 방문할 기회나 생각이 없었다. 환영받지 못할 게 빤하기 때문이다. 한국 사람들도 북한 대사관을 함부로 방문할 수 없다. 동서 베를린 장벽은 사라지고,

북한 대사관이 운영하는 바로 옆 건물의 호스텔에는 세계 도처에서 온 젊은 여행객들이 찾아들지만, 한국 관광객들이나 교민들은 그 근처를 서성이는 것도 눈치를 봐야 한다.

하정우와 한석규, 전지현 등 유명한 배우들이 주연으로 나왔던 류승완 감독의 영화 「베를린」(2013)에서 이곳은 어떤 거대한 음모가 꿈틀대는 도시로 등장한다. 아직 냉전을 극복하지 못한 국가들의 욕구가 공존하고 충돌하는 공간이 베를린으로 그려진 것이다. 하지만 통일 후 30여 년이 지난 베를린에는 국가 차원의 욕망들보다는, 자신들만의 자아와 정체성을 찾거나 새롭게 만들고자 하는 청년〈개인〉들의 다양한 열망들이 모여들고 있다. 때로는 몇 개월, 때로는 몇 년 살아 보면서 이 도시의 삶으로부터 독특한 영감을 얻어 자기만의 소박한 꿈을 만들고 이루려고 또래들과 어울리고 낯선 독일어를 배운다. 이러한 베를린에서는 시급 알바 일거리를 찾아 일하며 최소한의 생계비로 지낸다고 하여 루저가 되지는 않는다.

독일 평균 실업률은 약 6퍼센트 정도인데, 베를린은 거의 10퍼센트 대이다. 그나마 외국에서 온 예비 유학생들은 이 통계 수치에 포함되지 않는다. 한국의 실업률이 약 3퍼센트 대로 선진국 중에서는 상대적으로 낮은 편인데 비해 베를린의 청년 실업률은 높은 게 사실이다. 하지만 서울만큼 각박하고 경쟁적인 삶을 호소하는 경우는 많지 않다. 무상교육과 보편적 복지 제도를 기반으로, 다급하지 않게 자신의 소질과 적성에 맞는 길을 찾도록 서로가 위로하고 힘이 되어 주는 공동체적 삶을 경험하도록 열려 있기 때문인지도 모른다.

이혁 씨도 그런 매력에 끌려 베를린으로 오게 되었다. 북강원도에서 스무 해를 살고 두만강 넘어 중국으로, 그러고는 한국 땅으로 와서 십여 년을 살았다. 그는 베를린에서 독일어를 배우며 학위를 계속 이어갈 것인지 다른 전공을 할 것인지 고민했다. 틈틈이 아르바이트도 했고 또래 모임에도 참석하여 한국 출신 유학생이나 직장인, 베를린 거주 교민들과도 교류해 나갔다. 더욱이 자신만의 사업 가능성을 테스트하기 위해 주말에 열리는 소위 태국 먹거리장터에 가서 북한식 만두도 직접 빚어 팔기도 했다.

그러다 다시 서울로 돌아왔다. 코로나로 인해 독일에서의 생활 사정이 매우 열악해진 탓도 있고, 자신을 위한 또 다른 길을 가고자 함이기도 했다. 이혁 씨는 베를린과 서울에서의 삶을 어떻게 생각하고 있을까? MZ 세대인 이혁 씨의 경험담, 그리고 그가 구상한 미래 지향적 열망은 무엇인지 궁금하여 그가 있는 서울 신촌으로 찾아가 이야기를 나누었다.

대화 속의 〈정〉은 연구자, 〈이〉는 이혁 씨를 지칭한다.

1. 북에서 남으로 오기까지

이　안녕하세요. 제 이름은 이혁이고 1990년에 태어났어요. 고향은 북강원도고 한 10년 전에 한국에 왔어요. 북한에서 한 20년 살았죠. 한국에서 산 시간보다는 아직은 거기서 산 시간이 많죠. 떠난 거는 2009년, 한국에 온 게 2009년이에요.

정　그럼 중국에서는 별로 오래 있지 않았네요.

이　중국은 뭐 한두 달 정도 있었고, 왔을 때 스무 살이었는데 그때 와서 고등학교를 다시 다녔어요. 고등학교를 한 2년 반 정도 다니고 졸업한 이후에 대학으로 간 거죠. 대학교에 와서 4년 다니고, 1년 휴학하고 사회 경험 조금 쌓고 2017년에 독일에 간 거예요. 2017년에 졸업해서 바로 독일로 갔다가 이것저것 경험을 하고 다시 지금은 원점으로 돌아와서 한국에 있는데, 일련의 과정들이 많았죠. 일일이 풀자면 엄청나게 길지만.

정   아마 고향에서 지낸 20년 동안 추억이 많이 있을 텐데요.

이   많이 있죠. 엄청 많죠.

정   어땠어요? 그러면, 강원도 쪽이었으니까 일단 물 맑고 산 좋고…….

이   그거는 진짜 확실히 좋은 것 같아요. 제일 좋았던 추억은 진짜 순수한 그때, 아무 생각 없이 친구들끼리 강에 나가서 반도질(천렵)해서 고기 잡고. 남녀공학이라 남자들은 나가서 반도질도 하고 여자들은 밥 했죠. 우리가 고기 잡아서 가져오면 어죽을 같이 쑤어 먹고요. 그게 아마 열다섯 살이었던 것 같아요. 중학교 2~3학년 정도.

정   그러면 친구들과 1990년에 태어났으니 어렸을 때 고난의 행군이라는 기근 시기를 경험했겠군요. 대여섯 살 때부터 열 살 될 때까지의 과정일 텐데, 어떻게 기억이 나요? 그때 그 기근 시기가.

이   엄청 생생하게 나죠. 90년대생 제 또래 친구들이 제일 고생했죠. 어른들도 고생했지만, 그때 태어난 제 친구들이요. 한국도 예전에 전쟁 끝나고 60~70년대, 70~80년대 엄청 어려움을 많이 겪었잖아요. 그분들이 겪은 것만큼 저는 겪었다고 생각해요. 굶주리고 아무것도 없는 가운데 정말 어렵게. 지금은 많이 달라졌다고 하지만 큰 틀에서는 벗어나지 않았다고 생각하고요. 그때는 더군다나 더 각박한 상황이었으니까, 풀이라고 생긴 건 거의 다 먹었어요. 사람이 먹고 안 죽는다고 하면.

정   나무껍질도 벗겨서 먹고요.

이   네. 칡뿌리, 갈탄 이런 거 있잖아요. 감자순 이런 것도. 사실 감자순은 별로 안 먹거든요. 원래 안 먹는 건데, 그런 것까지도. 아직까지 그런 기억이 강하게 남아 있는 것 같아요. 그때 겪었던 일이.

정   그전 세대들은 배급 상황이 좋았을 때만 하더라도, 그러니까 80년대까지만 해도 상황이 그나마 나았잖아요. 마을 전통 음식이라든지 그런 음식에 대한 추억이 있고, 그런 것들에 대한 그리움 때문에 여기 와서도 그걸 만들어 먹으려고 하고.

이   대여섯 살까지만 해도 그런대로 괜찮았었거든요. 엄
청 어렸을 때지만 그래도 제 기억에 제일 강하게 남는 건, 군
인 가정이어서 식권을 주면 상점이라고 하잖아요. 군인 가
족 상점이 따로 있는데 된장, 간장 다 받아올 수 있었어요. 어
머니 따라서 손잡고 간장 받으러 가고 된장 받으러 갔던 기
억이 아직도 있어요. 그리고 식권을 가져가면 국수, 냉면을
점심에 바로 신선하게 받아먹을 수 있었어요. 그 기억이 아
직도 생생해요. 또 소 잡아먹는 거는 쉽지 않잖아요. 군인 가
족이어서인지 모르겠지만 소고기도 먹었던 기억이 있고요.
염소도 먹었고. 어릴 때인데 그게 다 기억나거든요. 그런 좋
은 추억도 있어요.

정   그러다 갑자기 다섯 살, 여섯 살 넘어가고…….

이   네, 아마 초등학교 때부터 엄청 어려워졌죠. 제 기억에
여덟 살 그때. 97년도, 98년도 이때요.

정   그때 마을에서 굶어 죽는 사람도 나오고요.

이   군인도 많이 죽었죠. 군인 가족이 죽는 경우는 생각보다 아주 많지는 않았지만 군인들, 그러니까 일반 병사들에겐 배급을 줘서 충분히 먹일 공급량이 있어야 되는데, 일의 강도가 세고 훈련 강도도 센데 먹는 건 별로 없잖아요. 그러면 예를 들어 대장염을 잘못 만나면 영양이 부족하기 때문에, 설사하기 시작하면 어쩔 수 없거든요. 그러다 죽어요.

정   살았던 동네의 규모나 인구는 어땠어요?

이   군인 가족 위주로 봤을 때는 사단이니까 많았죠. 사단 군인 가족 마을이니까. 한 38개 반이 있었어요. 한국에서 〈동〉하는 것처럼 38개 동이 있었던 거예요, 군인 가족이. 그러니까 아마 제 짐작으로는 최소한 몇백 세대는 있었던 것 같아요.

정   그 세대가 모여 산 마을이 있고, 아까 노동자, 농민이 다시 구역으로 나눠져 있는 거고요. 그게 다 통틀어서 하나의 시가 되는 거고요. 그러면 물론 군인 가족이라서 단위로 다니고 했겠지만 한 다리 건너면 다 아는 사이였어요?

이 그렇죠. 거의 다 알죠. 군인 가족이면 군인 가족끼리는 다 알아요. 누가 이사 오고 가고까지 아니까.

정 그만큼 끈끈한 것도 있겠지만 고난의 행군을 겪으면서는 서로 간에 위하는 것도 있었겠네요.

이 그런 게 없었어요. 90년대 중반까지만 해도 나눠 먹는 문화가 있었어요. 맛있는 거 하면 〈갖다 주고 와라〉 해서 점심 같이 먹고 이런 게 있었는데, 저는 그게 개인적으로 좋았었거든요. 그런데 다른 사람은 몰라도 군인 가족 마을에서 〈내 집 넘어오지 마〉 하고 울타리 치는 거 보면서 그때 되게 많이 놀랐어요. 어린 나이였음에도 불구하고 싫었고, 충격이었어요. 다른 노동자 가족이나 농부의 가족들이 그렇게 하면 먹고살기 각박하니까 그러려니 생각했는데, 군인 가족까지 그러니까 〈되게 어려워지는구나〉 그런 생각을 많이 했어요.

정 그런 와중에 할머니, 고모와 같이 한국에 온 거네요.

이 고모가 중국에 계셨기 때문에 가능했죠. 할머니는 저랑 같이 산 건 아니고 함경도에 사셨는데 제가 거기까지 가서

4장 북한 청년의 베를린과 서울살이

모셔왔죠. 부모님은 지금도 모르세요. 지금은 연락을 할 수가 없어요. 그러니까 함경북도나 국경 지대, 중국과 국경을 접하고 있는 도나 마을은 사람을 써서 전화가 가능한데, 강원도까지는 사람이 나오기도 힘들고 들어가기도 힘들어요. 함경도에서 들어오면 거기는 또 국경이니까 힘들고, 단속하고 서로 통제하니까.

정 북한을 떠나기로 마음먹은 계기가 있었나요?

이 중국에 갔다가 생각을 바꿨어요. 처음에는 중국까지 오는 게 목표였어요. 중국이라는 나라가 궁금하기도 하고 고모를 오랫동안 못 봤으니까. 제가 군대 가기 전이었는데, 군대에 갔다 오면 또 언제 고모를 볼 수 있을지 모르잖아요. 할머니는 그런대로 볼 수 있다고 쳐도, 고모는 북한으로 못 나오는 상황이잖아요. 그러면 제가 보러 가야 되는데 군복을 입고 갈 수는 없잖아요. 그러니까 차라리 잘됐다, 군대 가기 전에 시간도 있으니까 고모까지 보고 군대에 가야겠다고 생각해서 할머니 손을 잡고 두만강을 건넜죠. 중국에 가서 조금 있으면서 제가 못 보던 세계를 현실로 봤죠. 북한에서는 TV만 조금씩, 중국 TV와 남한 TV를 조금씩 봤어요. 하도 시골에 살다 보니까 현실이 그런지 몰랐었거든요. 그러다 보니 제가 북한에 대해 싫어했던 것들이 생각나고, 북한의 싫어했던 모습과 중국의 좋은 모습이 상이하게 나뉘면서 회의감이 들었어요. 북한에 다시 들어가는 게, 제 무덤을 제가 파는 일로 느껴졌어요. 가지 말아야겠다, 엄마가 고향에서 날 기다릴 테지만 먼저 한국에 가서 돈을 벌어 데려오면 되지 않나, 이런 생각이 들었어요. 원래 계획은 고모를 보고 다시 돌아가는 거였는데, 그렇게 탈북하게 된 것 같아요. 사실 고모도 할머니하고 저를 만난 이후에 한국 오려고 계획은 했었어요. 물론 같이 올 계획은 아니었고요. 비용이 더 들기도 하고……. 고모도 한국 와서 돈 벌면 북한으로 보내려고 했던 거죠. 같이 오는 건 전혀 계획이 없었기 때문에 난감한 상황이 돼서 생각보다 어려웠었는데, 결국 어려운 결정을 다 같이 내렸죠. 그냥 한배 탄 셈 치고 죽이 되든 밥이 되든 같이 가자, 그래서 오게 됐어요.

정 북강원도에서 리 단위의 작은 마을에 살다가 중국에 갔으면 굉장한 차이를 느꼈을 것 같은데, 평양은 가봤죠?

이 네, 평양은 제가 2002년인가 2004년에 갔었어요. 고모

부가 당 간부 쪽에 있어서 묻어서 간 거예요. 껴서 간 건데, 친척도 있고 사촌 형이 있으니까 같이 갔죠. 열흘 있었나? 다 돌아봤죠, 많이. 고모하고 같이 다니고, 친척집도 다니고 평양 거리 걸어다니고요.

정 그래서 평양에 대한 느낌은 어땠어요?

이 좋은 것도 있었지만 TV에서 보던 거랑 너무 달라서 실망했어요. TV에서는 좋은 것만 보여 주니까 화려하잖아요. 주체사상, 번쩍번쩍한 거 나오고요. 평양 시내 살짝 벗어나면 외곽은 제가 생각했던 것 이하였어요. 보여 준 앞면은 좋은데 뒷면은 안 보여 줬던 거죠. 평양의 화려한 건물의 창문이 유리창 대신 비닐을 썼을 거라고는 생각 못 했거든요. 그리고 또 사람도 없어요. 텅텅 비어 있고 전기도 안 나오고, 친척집에 갔는데 17층까지 석탄 들고 걸어 올라갔던 기억이 지금도……. 엘리베이터가 있긴 한데 전기가 안 들어오니까 빨리 가려면 그냥 걸어가는 수밖에 없어요.

2. 한국에서의 10년
정 그럼 스무 살에 한국에 들어와 서울에서 지냈어요?

이　아니요. 저는 경기도에서 살았어요. 할머니랑 같이 경기도에서 지내면서 고등학교도 나오고 졸업한 이후로 서울에서 지냈죠. 거의 1년은 통학했고요. 그 후로는 자취했죠.

정　서울까지 왔다 갔다 했으면 만만치 않았을 텐데요.

이　생각보다 너무 힘들었어요. 왕복 네 시간. 매일 새벽 아침 첫차는 제 차였어요. 아침에 첫차 승객은 저밖에 없었어요.

정　서울에서 지낸 이후에는 어땠어요? 캠퍼스 생활이 생각했던 것과 달랐나요? 아니면 좋았거나?

이　좋았던 거는 고등학교 때 못 누렸던 자유요. 진짜 대학생이다 이런 느낌. 누르고 있던 걸 던지고 하고 싶은 대로 다 누릴 수 있으니까 그런 게 좋았고, 그때 많이 놀았던 것 같아요. 대학생이 되니까 두 번째로 좋았던 건 고등학생 때랑 다르게 대학생이라는 신분 때문에 외부 사람들과 만날 수 있는 기회가 의외로 많았어요. 제가 경험하지 못한 세계를 직간접적으로 많이 경험했죠. 그 사람들의 생각이라든가 삶이라든가 하는 걸요. 조금 아쉬웠던 건 너무 놀았다는 거죠. 여행도 많이 다니기는 했지만 대학생이 된 다음 붕 떠서 선배가 오라고 하면 가고, 술도 많이 마시고. 술은 제가 스물세 살에 배웠거든요. 늦게 배웠어요. 사실 안 배우려고 했는데, 술 문화가 형성되어 있으니까 안 마시면 또래나 선후배 만났을 때도 뭔가 끼지 못하잖아요.

정 그런데 대학 선배라고 해도 더 나이 어린 사람도 있었을 것 같은데요?

이 맞아요. 그것도 불편했어요. 선배지만 나이를 물어보면 제가 제일 많아요. 그러니까 약간 부담스러웠죠. 학교 문화 자체가 후배가 들어오면 나이가 많고 적고를 떠나서 선배가 후배한테 밥을 사는 문화였거든요.

정 북한에서도 나이 중심으로 서열화가 되는 건가요?

이 그렇죠. 나이 중심. 물론 사회적 지위가 있으면 나이가 어려도 호칭을 붙여 주고 존칭을 하는데, 친해지거나 하면 나이죠.

정　남녀 관계는 어땠어요? 과에도 여학생들이 있었나요? 요즘 성평등 이슈가 많이 부각되잖아요.

이　그런 거는 아무래도 한국이 북한보다 자유롭다고 볼 수 있죠. 잘되어 있고요.

정　북한에서는 여자들이 고분고분하면서 싹싹하고 집안일 잘하고 아직 그런 문화인 거죠?

이　그런 게 많이 있어요. 지금은 또 조금 바뀌었을 거예요. 워낙 한국의 영향을 많이 받으니까, 매체를 통해서요. 드라마가 많이 들어가잖아요. 그러니까 아마 조금씩 바뀌었을 것 같아요.

정　그런데 왜 하필 정치외교학을 공부하기로 한 거예요?

이　원래 북한에 있을 때도 군대든 사회든 당 쪽이 우위에 있거든요. 뭔가 목소리를 내거나 뭔가 조금이라도 변화를 시키려면 우선 당 쪽에 들어가야 돼요. 그래서 당 간부 학교를 가야겠다는 생각이 있었어요. 그런 생각이 내재되어 있다가……. 원했든 원하지 않았든 저는 탈북이라는 특수한 상황에 놓여 있잖아요. 통일도 아직 안 된 상태고. 그래서 북한에서 막연히 갖고 있던 생각을 학문으로 배워 봐야겠다고 생각한 거죠.

정 권력에 대해서?

이 어쩌면 권력이라고 할 수 있죠. 권력을 학문으로 한번 이해해 보고 싶다는 생각이 있었어요. 그렇게 시작됐던 것 같아요.

정 군대는 안 가도 되는 거죠?

이 네. 지원병으로는 갈 수 있는데, 거부하면 안 갈 수 있어요. 저는 얼른 가고 싶었어요. 왜냐하면 대한민국 남성들의 세계에서는 군대 갔다 왔다고 하면 어디 출신이냐, 뭐냐 하면서 따지잖아요. 그게 되게 은근히 큰 비중을 차지하더라고요. 그런 걸 느끼고 ROTC 지원을 해봐야겠다고 해서 알아봤는데 북한이탈주민은 안 된다는 답변을 들었어요. 그때 반감 아닌 반감이 생기더라고요. 〈뭐지? 나는 가고 싶다는데 왜 안 보내 주는 거지?) 그리고 대한민국에서 군대 안 나왔다고 북한이탈주민은 특혜 받는다는 식으로 이야기하는 것 자체가 너무 화가 나는 거예요. 왜 내가 가고 싶다는데, 충분히 준비가 되어 있는데, 누구보다 군대 가서 잘 버틸 수 있는데 왜 안 보내 주나 하고요.

정　오히려 특례 입학이라든지 이런 것들은 해주지만, 군대 가는 문제는 사실 알고 보면 기회가 박탈당한 거네요. 남쪽의 남학생들 입장에서는 북에서 와서 특혜 입나 보다, 이렇게 볼 수도 있겠지만.

이　저는 그렇게 생각했어요.

정　북에서 왔다는 이유만으로 그런 국민의 의무 중 하나를 아예 이행할 수 없는 것이니까…….

이　그러면 사람들이 〈북한이탈주민이었어요? 병역도 혜택받고〉 그렇게 이야기하잖아요. 그런데 사실 저처럼 군복무를 원하는 사람이 없지 않아 있거든요. 대한민국의 문화가 그렇기 때문에 군대 가고 싶어 하는 사람이요. 그런 사회

분위기 때문에 저도 똑같은 문화를 누리고 싶고, 뭔가 같이 공유하고 싶은데 사회적으로 기회가 주어지지 않은 거잖아요. 그래서 되게 답답했던 부분이 없지 않아 있었어요. 근데 지금은 많이 바뀌어서 북한에서 왔어도 군대 간다고 들었어요. 어릴 때 넘어와서 중고등학교를 밟아 올라왔으면 고등학교를 마치고 군대 간다고요. 그리고 제3국에서 태어난 친구들도 부모님이 북한이탈주민이면 군대 가고요. 제 고모 아들도 군대 갔거든요. 중국에서 태어났는데 군대 갔어요. 조금 바뀐 것 같아요. 여자ROTC도 생겼고, 이화여자대학교에도 여자ROTC가 있거든요.

정   지금이라도 그렇게 바뀌었네요.

3. 베를린에서 독일 통일을 배우다

정   그러다가 졸업을 하고서 베를린을 갔다 왔는데, 베를린에 간 것도 중국으로 넘어갔던 것처럼 다른 세상을 경험하고 싶어서였나요?

이   계기가 있었어요. 2012년에 유럽으로 첫 여행을 갔을 때 베를린에서 시작했거든요. 독일이요. 그때 좋았던 기억도 있었고, 통일이라는 주제로 우연히 단체에서 갔던 경험도 있었어요. 그동안 독일에 대해서 잘 몰랐었는데 접하고 나니 〈정치학도인데 독일도 모르고 있었네?〉 이런 생각이 들었어요. 독일이 선망의 대상인 나라이기도 하고 〈궁금하다, 저기 가서 배울 게 많을 것 같다〉는 생각이 있었죠. 그러다가 학교 거의 끝날 때였나? 제가 아는 한 선교사님이 감사하게도 유학 프로그램에 저를 선정해 주셔서 베를린으로 갈 수 있었어요. 제가 배우고 있던 분야도 정치외교이고 독일에 이미 관심도 있고 경험도 조금 해봤다고 해서, 비전이 있는 대학생 청년이 베를린에 가서 정치학을 공부한다면 취지도 좋고 리더로 키우는 데 좀더 시너지가 될 수 있겠다는 생각을 하신 것 같아요. 그렇게 2017년에 학교 졸업하자마자 바로 간 거죠.

정 베를린에 대한 인상과 느낌이 어땠어요?

이 독일만의 분위기? 독일에서만 풍겨 나오는 느낌이나 냄새? 그 도시만의, 아니면 그 나라만의 어떤 냄새가 있거든요. 특유의 냄새요. 그 냄새가 고향의 정서와 비슷한 느낌이었어요. 심리적으로 되게 좋았어요. 안정감을 준다고 해야 되나? 그리고 독일 사람들의 문화 자체도 몸으로 노는 걸 좋아하더라고요. 저는 한국에서처럼 PC방에 앉아서 놀 줄 알았는데 그렇지 않고 밖에서 노는 것을 좋아해요. 그리고 집에 초대해서 밥 먹는 문화, 그게 북한과 많이 닮아 있다는 생각이 들더라고요. 예를 들어 독일인이 무뚝뚝하긴 한데 한번 친구가 되면 오래가고 끈끈해요. 학문을 떠나서 일차적으로 그런 분위기가 제가 살아 왔던 배경과 닮아 있다는 걸 느꼈거든요. 그래서 처음에는 그런 느낌 때문에 좋았어요. 그리고 자연 환경이나 공기도 한국보다 훨씬 좋잖아요.

정　베를린은 말 그대로 근대 역사의 현장이니까, 베를린 곳곳에 많이 가봤죠? 가장 기억에 남는 곳들이 어디에요?

이　저쪽 동베를린 있잖아요. 오스트반호프 그쪽이요. 베를린 시골 같은 느낌? 거기서 동서독(동베를린·서베를린)의 차이를 많이 느낀 것 같아요. 봤을 때 딱 느껴지는 거예요. 편견일 수도 있지만 서독은 되게 고급스러워 보였거든요. 그런데 동독은 아직까지는 거기에 미치지 못한다, 그런 미묘한 차이를 느꼈어요. 그리고 동독 출신의 할머니를 만나 이야기를 들으면서도, 비록 풍부하게는 이해할 수 없었지만 동서독 간의 생각 차이가 있다는 것을 알게 됐죠. 그 할머니는 저처럼 고향에 대한 향수가 있었어요.

정　베를린 장벽을 봤을 때는 어땠어요? 장벽이 남은 곳이 있고, 무너진 곳도 있잖아요.

이　제일 처음 2012년에 갔을 때는 〈통일이 정말 됐으면 좋겠다〉 이런 생각을 하면서 보니까 슬프기도 하고, 남북한 우리의 상황으로 비추어봤을 때는 그런 것들이 안타깝고 그랬어요. 그런데 시간이 지나면서 그런 느낌은 덜했던 것 같아요. 그럼에도 부러웠죠. 통일이 됐으니까. 세워진 장벽을 봤을 때는 이 장벽이 뭐라고, 이거를 통해서 굳이 사람들을 갈라 놓고, 정치하는 사람들 권력 싸움에 왜 선량한 사람들이 피해를 봐야 하는지 안타까움이 많이 들었어요. 왜 굳이 〈인간이 태어나서 이렇게 해야 하느냐〉 하는 근본적인 질문에 대한 생각을 많이 했던 것 같아요. 그렇게 굳이 안 해도 살 수 있는데 왜 이렇게까지 해야 되는지에 대한 고민이요. 이데올로기는 과연 무엇인가라는. 그런 질문들을 줄줄이 스스로 던질 수 있는 거죠. 인간이 이성적인 것 같지만 정말 비이성적이다, 그런 생각도 하고요.

정　베를린에 그런 장벽이 있었다가 무너지고 30년이라는 세월이 흐른건데, 아직도 동서독 간의 격차가 있다고 하잖아요?

이　그런 부분이 제가 놀랍고 실망스러웠던 부분이었어요. 독일 통계 자료를 봤는데, 정계를 출신별로, 지역별로 보면 동독 출신 정치인 비율이 상당히 낮아요. 메르켈은 정말 예외적으로 상위 1퍼센트에 들어가는 사람이니까, 그 한 명으로 평가하면 안 되잖아요. 동독 출신이 있지 않느냐 이렇게 얘기하면 안 되고, 전체를 봐야 되잖아요. 정계에 입문해 있는 사람들이 3퍼센트밖에 안 돼요. 그것도 분야를 보면, 사람들이 봤을 때는 덜 선호하는 것, 덜 중요하다기보다는 덜 선호하는 그런 정계 분야에 있는 걸 보면서 많이 실망스러웠어요. 극복을 하려고 노력하지만 아직까지 이것을 뛰어넘지 못했구나, 라는 생각이 들더라고요. 그래서 만약 남북이 통일된다면 이보다 어쩌면 더할 수도 있겠다, 그런 생각이 드니까 답답하더라고요.

정　통일의 방식에 있어서 독일식 통일이 있고 다른 방식의 통일이 있을 텐데, 독일식 통일에 대한 이혁 씨의 입장은 어

때요? 어떻게 보면 독일식 소위 흡수통일은 남북한의 재앙
일 수 있지 않을까요?

이　재앙까지는 아니겠지만 어려움이 많을 것 같아요. 개인
적으로 통일을 정의하는 데 있어서 그 방법이나 형식은 한
번에 통일하는 것보다는 점차적으로 해야 한다고 생각해요.
그러니까 남북한의 국민들의 인식 변화를 가져올 수 있는 정
치인들의 역할이 제일 중요하다고 생각해요. 통일을 우리
의 과제로 생각하되, 당장은 못 하니까 이렇게 서로 양쪽에
서 노력을 해줘야죠. 그렇지 않고 한국이 일방적으로, 아니
면 북한이 일방적으로 하면 따로 놀잖아요. 그러면 코드가
안 맞고, 결국 자연스럽게 독일식으로 될 수밖에 없는 상황
이 올 수 있어요. 저는 만약에 독일식으로 하더라도 우리는
독일과는 상황이 다르기 때문에, 우선 사람들이 지속적으로
교류할 수 있는 장을 먼저 만들어 나가는 게 중요하다고 생
각합니다.

정　베를린에 굉장히 다양한 민족과 인종, 예를 들면 터키
나 아프리카, 기타 전 세계 곳곳에서 오신 분들이 많잖아요.
그러다 보면 다문화적 상황을 경험할 텐데, 백인 친구들이

나 다른 나라 친구들이 본인을 대하는 모습이나 태도가 한국과 비교했을 때 어땠어요?

이 독일 사람들도 의외로 아시아 인종에 대해 차별하는 것 같아요. 예를 들면 행정 업무를 보러 갔는데 아시아 사람과 유럽 사람이 있으면 대하는 태도가 미묘하지만 확실히 다른 느낌이 있죠. 아마 아실 거예요. 그런 게 있더라고요. 불친절하다거나, 물어봤는데 알면서도 안 알려 준다거나, 무시하고 대답을 안 하는 거죠. 비자 때문에 가고 다른 일로도 가고 했는데 그렇게 저를 대하니까 진짜 화가 났었죠.

정 독일은 과거에 통일을 했잖아요. 물론 한 번에 끝나는 게 아니라 쭉 더불어 살 수 있도록 하기 위해 사회 통합이라는 말들이 있는 건데, 한국과 독일을 비교했을 때 생활하면서 〈내가 사람들에게 어떻게 받아들여지는가, 나를 하나의 존재로 존중해 주는가, 아니면 아시아인이라고 폄하하는가?〉 하는 식의 경험이 있어요?

이 코로나 사태가 터지고 나서 느꼈어요. 아시아 사람들은 어느 나라 사람인지 분별이 잘 안 되잖아요. 저를 중국에서 온 줄 알고 〈차이나, 코로나〉 이런 식으로 놀린다거나 아니면 〈바이러스〉 이렇게 놀리는데, 어쩌면 중국, 한국을 떠나서 모두 아시아인인 거잖아요. 〈중국인이 아니어서 괜찮아〉 이런 마음이 아니라, 중국인이고 아니고를 떠나서 아시아인으로서 그냥 기분 좋지 않았어요. 상당히 불쾌했고요. 대놓고 말하는 사람들도 한두 명 있었지만 극소수였고, 대부분의 독일 사람들은 무시하면서 멀리 피한다거나 했는데 상당히 기분이 안 좋았죠.

정 그렇군요. 코로나 이후에 그런 일이……. 유럽의 냉전전선은 독일이었던 거고 아시아는 한반도였죠. 독일은 2차 세계 대전에 대한 칫값으로 형벌을 받은 셈인데, 한반도는 그렇지 않고 분단이 됐죠. 그 점에 대해서, 또는 베를린 장벽 붕괴 뒤 독일 통일이 한반도의 우리들한테 영감을 주는 것이 무엇일지 말씀해 주신다면?

이 독일의 통일이 우리에게 영감을 주는 건, 동독 내에서 동독 주민이 스스로 통일을 외치면서 자유와 민주주의를 위해서 시위했잖아요. 통제가 있었음에도 불구하고. 그런 것들이 정말 북한과는 비교가 안 되죠. 북한은 철통같이 통제

하니까 그런 것들이 있을 수 없죠. 동독에서는 그나마 교회도 있었고, 그렇게 했던 일들이 부럽기도 하고 감동적이었어요. 여전히 통일 과정을 재평가하는 것도 배울 점인 것 같고요. 스스로 거슬러 올라가서 나치와 같은 수치스러운 역사를 갖고 있는 것에 대해서 반성하는 게 되게 배울 점이다, 우리도 저 부분을 본받아야겠다, 하고 생각해요. 올바른 역사 교육을 계속 태어나는 세대들에게 가르쳐 주는 거잖아요. 어디까지가 팩트라고 할 수 있을지는 모르겠지만, 항상 그런 것에 대해 재평가하는 점이 감동으로 다가왔어요.

4. MZ 세대로서의 미래 지향적 열망

정　지금 한국에서는 젊은 친구들을 90년생, MZ 세대라고 부르는데, 이 세대가 통일에 대해 관심이 없고 심지어 통일에 대해서 혐오를 느낀다고 하는데 주변 또래 친구들한테서 그런 인상을 받나요?

이　처음에는 솔직히 〈통일을 원하지 않아〉 하고 말할 때 북한이탈주민 입장에서 되게 안타깝고 답답했어요. 부모님을 만나고 싶고, 통일이 빨리 돼야 그게 가능하다고 생각했으니까요. 그런데 지금 한국에서 살아왔던 시간과 배워 왔던 것들, 그리고 해외에 조금씩 돌아다니면서 경험한 것들이 사고의 폭을 넓힌 것 같아요. 그런 경험들을 통해서 다시 생각해 봤을 때, 통일을 원하지 않는다는 대답이 나쁘다고 할 수 없는 거예요. 취직이 됐든 학교가 됐든 자기가 원하는 것이 돼야 여유가 생겨서 통일이라는 것도 생각해 볼 만할 테고, 〈통일은 과연 무엇일까〉라는 물음도 토론을 하든 고민을 하든 해볼 텐데 그런 여유가 안 되잖아요. 너무 각박하니까. 지금도 느끼는 것이지만 커피숍에 가면 제가 뭘 계속 더 해야 될 것 같은 기분이 들어요. 다들 앉아서 컴퓨터로 뭔가 열심히 하고 있잖아요. 책을 펼치고 시험공부를 한다거나. 그런 것들을 보면서, 통일을 원하지 않는다고 얘기하는 사람들이 예전처럼 야속하거나 밉게 느껴지지는 않아요. 저도 북한이탈주민의 한 사람으로서, 국가의 한 국민으로서 당연히 통일이 필요하다고 느끼고 있음에도 불구하고 제가 일단 일차적으로 경제적인 안정감을 갖춰야 하잖아요. 그렇지 못하면 통일과 관련된 뭔가를 조금이라도 실천한다거나, 아니면 참여한다거나 이런 활동은 하고 싶어도 못하죠.

정　베를린이라고 하는 곳이 어쨌든 나름 세계 대전과 냉전을 경험한 국제적인 도시인데 우리가 베를린으로부터 배워야 될 것들은 어떤 게 있을까요?

이 독일과 같은 철저한 역사 교육이요. 역사는 상당히 중
요하다고 봐요. 자기 나라 역사를 잘 알아야 그걸 통해서 세
계사나 관심 있는 나라의 역사를 조금 더 깊이 있고 풍부하
게 이해하고 비교해 볼 수 있어요. 자기 나라의 역사를 모르
면서, 남의 역사를 먼저 알고 다시 들어와서 자기 역사를 공
부하면 이해의 깊이가 달라질 것 같아요. 시각의 차이는 어
떨지 모르겠지만 근본 뿌리를 먼저 단단하게 하고 나서 역사
를 봐야지, 그렇지 않고는 오히려 역사관이 더 혼란스러워
질 뿐이에요.

정 그래서 우리가 외국에 나가면 애국자가 된다, 이런 표
현들을 하잖아요.

이 저는 그게 무슨 말인지 느낌이 왔어요. 저도 사실 처음엔
몰랐었죠. 〈외국 나가고 어떻게 애국자가 된다는 거지?〉 근
데 자연스럽게 그렇게 되는 것 같아요. 그렇다고 너무 극과
극으로 나뉘는 건 또 싫어요. 애국하면 그게 나쁜 게 아닌데,
그걸 안 좋은 개념으로 이해하는 사람들이 의외로 많잖아

요. 사실 그 밑바탕을 보면 그냥 사랑하는 마음인데 말이죠.

정   그러면서도 또 비판하는 마음이기도 하고요.

이   그러니까 어떤 것에 대해서 비판하는 건 좋아요. 비판적 사고를 가지고 토론하고 거기에 대해서 열린 마음으로 의견을 공유하는 건 좋은데, 그냥 이렇게 극과 극으로〈나랑 너랑 다르니까 넌 아니야, 나랑 달라, 그래서 너는 뭐야, 나는 뭐야〉이런 식으로 나누는 거 있잖아요. 흑백논리.

정   흑백논리가 한국 사회에 많이 있다?

이   네. 그런 거는 정말 지양해야 된다고 생각해요.

정   그런 의미에서 본다면 그래요. 북한이탈주민들한테 한국 사회에서 요구하거나 강요하는 것 중 하나가 그들의 과거와 북한 사회에 대해서 나쁘게 이야기하라는 거예요. 저는 이런 태도가 솔직히 별로 안좋다고 생각해요.

이   당연히 그렇죠. 그러니까 팩트는 있는 그대로 이야기해

줘야 하지만 북한이라고 다 나쁘다고 할 수는 없어요. 고향에서 지냈던 향수, 동급생 친구들과의 추억, 그런 것도 좋았던 부분 중 하나가 될 수 있잖아요. 그냥 싸잡아서 다 나쁘다 이렇게 말고, 잘한 건 잘했다, 좋은 건 좋다, 나쁜 건 나쁘다, 이렇게 얘기해 줄 수 있어야 된다고 생각해요.

정 그리고 예를 들면 이주민들을 베를린에서 많이 봤잖아요. 그중에 터키에서 오신 분들은 본인들의 정체성을 계속해서 재생산하는 차원에서 이슬람이라고 하는 종교를 현지 상황에 맞게 변형하지만, 그럼에도 이슬람을 자신의 정체성의 굉장히 중요한 부분으로 계속 간주하잖아요. 자기가 떠나온 나라에 대해서도 자신감 있게 다 이야기할 수 있고. 하지만 남북한 사이에서는 북한에 대해서 좋게 이야기하면 법에 걸리는 부분이 아직 있고요. 지금은 그나마 한국도 조금 나아지는 시기라고 생각하는데 예전에는 더 어려웠을 것 같아요. 이혁 씨가 한국에서 10년 동안 살았지만 처음에는 북에서 왔다는 이야기를 함부로 못 했을 거 아니에요?

이 분위기가 그러니까, 하고 싶지 않은 거죠. 처음에 출신을 모를 때는 존칭 그런 거를 어느 정도 해주는데, 대학에 와서 얘기하다 보면 고향을 많이 물어보잖아요. 한국의 문화는 고향, 군대를 물어보면서 많이 시작돼요. 그럴 때 북에서 왔다고 얘기하면, 특히 연배 있으신 분들은 바로 말을 놔버린다거나……. 물론 우리나라가 나이를 중요하게 생각해서 이해를 할 수는 있는데, 지위가 있는 분이면 바로 말을 편하게 하고, 뭔가를 엄청 가르쳐 주려고 해요. 모르는 걸 알려 주는 건 좋은 거죠. 신뢰 속에서 인간관계를 형성하면서 부족한 게 있어서 알려 주는 건 정말 좋은 건데, 그냥 일방적으로 〈너는 북한에서 왔으니까 이런 건 모를 거다〉 그런 태도에는 상당히 자존심이 상해요. 〈굳이 내가 알고 싶다고 얘기 안 했는데〉 그런 생각도 들고요.

정 우리의 문화 정체성이라고 할 수 있는 여러 가지 요인 중에서 나의 정체성을 그대로 인정받을 수 있는 내용들이 꽹장히 적어지는 것이겠지요. 그래서 이혁 씨가 그렇게 느낀 것 같아요. 기존 자기 자신에 대한 해체와 〈남한화〉가 되어야 하는 과정에서, 우리 사회의 주류 문화에 익숙해지고 그걸 받아들이는 중이잖아요. 나의 정체성, 이런 것들을 인정받아야지만 진정 평등한 관계이기도 하거니와 다문화사회에서는 그런 점들이 아주 중요하단 말이죠. 북한이탈주민이라고 해서 북한에서 왔다는 정체성이 기본적으로 축소되는 경향을 경험하면 자기 정체성을 재구성하는 데도 굉장히 힘들어요. 특히 어르신들은 더 힘들 수 있어요. 할머니 같은 경우에는 여기 생활이 더 만족도가 높을 수도 있겠지만, 온 평생을 북에서 보내다가 왔으면 정체성 재구성에 대한 혼란감도 굉장히 크실 거란 생각이 들어요.

이　당연히 크셨겠죠. 할머니 입장에서는 더 크죠, 저보다 훨씬. 그런데 할머니 이야기를 들어 보면 그 세대에서는 그럴 수밖에 없겠다는 생각이 들어요. 저는 세대 차이가 나는 사람들의 공론의 장이 있어서 서로의 이야기를 들어 볼 수 있으면 좋겠어요. 그 세대에 못 살아 봤어도 적어도 서로가 그 세대를 이해하려 하고, 왜 그랬을까 한 번쯤 생각해 볼 수 있잖아요. 그분들의 실증을 통해서 같이 고민해 보기도 하고 재평가해 보기도 하고 비판적으로 생각해 보기도 하고…… 그런 게 부족하다고 생각해요. 그래서 세대 갈등도 많잖아요.

정　통일 직후에 독일에는 동서독 주민들 사이에 그런 프로그램이 있었다고 해요. 프로그램에 참여하는 사람들은 2박

3일 동안 같이 먹고 자고 생활해요. 그렇게 서로가 어떻게 살아왔는지를 나누고, 이해할 수 있는 거죠. 저는 그러한 프로그램들이 진행되는 것도 좋겠다고 생각해요. 그러면서 통일에 대한 열망이나 그런 것들을 왜 가지게 되었는지를 이야기할 수도 있고요. 서울에서부터라도 새로운 비전이나 열망들을 제시하는 미래 지향적 문화를 만들어 나가야죠. 물론 그러기 위해서는 젊은 세대들의 경우엔 먹고사는 일부터 제대로 해결되는 게 중요하겠죠. 따지고 보면 베를린도 젊은 사람들이 그렇게 풍족하게 사는 것 같지 않아요. 솔직히 말해서 난 사실상 베를린이 가난한 도시라고 생각해요.

이　맞아요.

정　어디 가서 외식하고 이러는 것보다 다 집에서 해 먹잖아요. 물론 집으로 초대하는 것은 서양 문화에서 굉장히 중요한 환대의 개념이긴 하지만요.

이　전 그런 게 너무 좋아요.

정　그렇다면 우리가 어떻게 베를린에서 얻은 영감을 좀 더 서울에서 구현할 수 있을까요? 미래를 위해, 한국을 더 청년 세대 지향적인 구조·사회·문화로 만들기 위해 무엇을 해야 할까요?

이　저는 내가 갖고 있는 능력과 앞으로의 잠재성을 가지고 무엇을 할 수 있는지에 대한 통일 비전이 필요한 것 같아요. 내가 가진 인적 네트워크나 잠재력이나 능력으로 내 꿈을 어떻게 펼칠 수 있는지 구체적이고 실현 가능한 것이요. 예를 들어 북한은 이런 환경에 놓여 있는데, 같이 협력했을 때는 어디에 주안점을 두고 해야 된다, 이렇게 이야기해 주는 사람이 아무도 없죠. 한마디로 비전이 없는 거잖아요. 실현 가능한 꿈을 심어 주지 않아요. 그냥 막연하고 두루뭉술해요. 그러니까 누가 통일, 통일 하면 통일 비용밖에 모르잖아요. 저는 통일 비용도 당연한 거라고 생각해요. 누가 부담하든 간에 비용은 들어요. 북한에서도 당연히 부담해야 하고. 양의 차이는 있겠죠.

정　그 통일 비용이 쓰고 사라지게 될지, 아니면 장기적인 차원에서 투자의 개념이 될지 불명확하다는 거죠?

이 비용을 들인 만큼 얼마의 효과가 날지에 대한 구체성 없이 막연하게 너무 이상적으로 가버린 것 같아요. 통일이 이상이 되어 버렸잖아요. 그래서 더 기피하는 것도 없지 않아 있는 것 같아요. 너무 지나치게 이상으로 가도 안돼요. 저는 그렇게 생각해요.

정 그렇지요. 그런 차원에서 본다면 우리가 죄를 지어서 분단된 것도 아니고, 형평성을 보면 2차 세계 대전의 전범은 일본이었으니까 일본이 분단됐어야 했는데 우리가 분단이 되어 버렸단 말이에요.

이 그렇죠.

정 우리에게도 과거 식민지 잔재를 청산하지 못한 잘못이 있지만, 어쨌든 분단으로 인해서 피해를 받은 건 엄청나게 많죠. 그러니까 서로 상처를 치유하면서 화해와 성찰을 해야하죠. 국가의 역사, 민족의 역사와 화해를 하고 그 과정이 결국 남북한이 정서적 공동체로 가는 과정이 아닐까 해요. 오늘 이혁 씨와 얘기 나누면서 매우 좋은 교훈을 얻었어요. 무엇보다 국민들, 특히 젊은 세대를 중심으로 본다면 남북

통합 과정에 대해서는 굉장히 현실적으로 접근할 필요가 있어요. 제도와 경제적인 것들은 냉철하게 분석해서 동의를 구하고 설명도 하고 국민적 합의를 구할 수 있도록 계속 노력해야 한다는 거죠. 그리고 불만이 생기거나 문제가 발생하면 그걸 받아들이면서 개선해 나가는 과정이 필요하다는 걸 다시 한번 깨닫게 해주었네요. 오늘 긴 시간 소중한 대화를 나눌 수 있어서 참 고마웠어요.

5장

베를린에서 만난 서울과 평양

전지구화 시대에는 자본과 국가 체제가 연대 혹은 경쟁한다. 국경을 가장 자유롭게 넘나드는 객관적 실체는 자본이지만 항상 국가 단위와 협상해야 한다. 관세 문제를 생각하면 쉽다. 그런데 자본과 금융을 기준으로 보면 국가 단위 기능이나 영역을 넘어서는 도시들이 있다. 이를 국제 도시라 칭하며 대표적으로 뉴욕, 런던, 도쿄 등이 여기에 해당한다. 이 도시들의 금융 산업은 이미 해당 국가들[5]의 영역을 넘어선다. 하지만 자본을 중심으로 보는 것이 아니라 다른 영역, 특히 사회인문학적 개념인 역사와 문화·예술 영역을 중심으로 본다면 국제 도시 명단은 달라질 수 있다. 유럽에서는

---

5   국제 또는 세계 도시 개념과 관련된 논의는 Friedmann(1986 & 1995), Sassen(1991 & 2000)을, 그리고 글로벌 도시 서울과 관련된 논의는 Shin & Timberlake(2006), Jung(2015)을 참고할 것.

프랑스 파리가 오랫동안 예술의 중심 도시였다. 그러나 유럽연합의 등장과 독일의 통일 이후로 본다면, 독일의 베를린이 소위 가장〈핫한〉도시임에 틀림없다.

베를린은 한국에서도 잘 알려져 있다. 냉전과 분단의 장벽이 무너지면서 냉전의 종식을 알린 역사적 도시이다. 이후〈가난하지만 섹시한poor but sexy〉도시로 전 세계 예술가들이 몰려들었다. 예술가들에게는 생활비가 저렴하고 자유로우며 예술적 영감을 받아 작업할 곳이 필요했기 때문이다. 예술가뿐 아니라 세계의 관광객도 베를린으로 몰린다. 나치 학살의 역사, 분단의 역사, 사회주의의 역사의 흔적들이 고스란히 담긴 곳이기도 하거니와, 젊은 층이 좋아하는 대형 나이트클럽 같은 클럽 문화, 세계 최정상의 클래식 음악을 감상할 수 있는 극장, 세계 유명 제품들이 모인 거리와 저렴한 식당, 녹지 비율이 도시 절반을 차지하는 쾌적한 환경 등 매력적인 요소들이 총집합한 곳이 베를린이다. 이런 베를린의 역사는 독일 현지인들만이 아니라 분단 시기부터 정주한 이주민들 또한 함께했다. 터키, 베트남, 중국과 유럽 각지는 물론 아프리카에서 온 이주민들은 베를린을 독일의 다른 지역과는 구별되는 독특한 다문화 도시로 만들었다. 이번 장은 베를린을 중심으로 거주하는 한인 디아스포라의 독특한 초국가적 경험과 연대 활동들에 대한 민족지적 연구를 바탕으로 경계와 경계인에 대해 논의하면서 한반도 분단 및 통일 연구에 디아스포라 감수성의 필요성을 제안한다.

독일 통일 사례는 한국에 시사하는 바가 크며 지난 31년간 이와 관련된 무수한 연구들이 쏟아져 나왔다. 독일 통일 과정의 한반도 적용을 위해 연구하는 독일의 한 전문가에 의하면, 〈한국에서는 그동안 5천여 건의 학술 논문, 5천여 건의 국회 기록, 5천여 건의 신문 기사들이 독일 통일 문제를 거론했다〉고 한다. 그리고 그 1만 5천여 건의 문서들은 매우 유사한 결론을 공유하고 있다. 즉, 독일 통일 사례는 역사적·문화적 차이로 인해 한반도 상황에 적용 불가능하다는 것이다. 통독 후 얼마 지나지 않아서 누군가에게서 나온 이러한 부정적 결론이 이후 30여 년간 모든 논의의 결론으로 인용된 것이다.

독일 통일에 대한 정책과 제도 중심의 접근은 정부 주도, 특히 독일인 중심의 사례들에만 초점을 둔 한계가 있었다.[6] 예를 들어, 독일 통일을 베를린 거주 터키 이주민들의 경험

---

6   예를 들어, 베를린 분단, 통일 과정을 밀도 있게 다룬 John Borneman 의 저서들, *Belonging in the Two Berlins: Kin, state, nation*(1992)와 *After the Wall: East Meets West in the New Berlin*(1992) 참조.

을 바탕으로 재구성한다면, 매우 상이한 스토리가 전개된다. 마찬가지로 분단국가에서 온 남북한 출신 노동자와 지식인들에게도 베를린 장벽 붕괴와 그 이후의 경험, 그리고 그를 통해 형성된 고국에 대한 관점과 미래 지향적 열망은 타국 출신 이주민들과 다를 수밖에 없다. 이러한 디아스포라의 비교적 관점들을 통해 독일 통일을 총체적으로 이해함은 물론, 제도권 담론과 다른 대안적 함의를 발견할 수 있음에도 이러한 사실은 쉽게 간과되어 왔다. 이번 장은 재독 디아스포라 사회 단체와 개인들, 특히 여성들의 실천 활동을 참여 관찰한 내용을 토대로 구성되었다. 디아스포라 공동체 연구와 한독 비교 연구에 대한 비교인류학적 접근의 필요성 제기에도 도움이 될 것이다.

1. 디아스포라의 미래 지향적 열망

이 글에서 한인 디아스포라 개념은 기존 연구 중 특히 삼화음 관계triadic relationship의 성격을 띠는 사회 형태이다(Safran, 1991; Vertovec, 1997). 삼화음 관계란 세 축의 연결로, ① 첫 번째 축은 디아스포라라고 스스로 정의하고 구별하는 민족적 공동체의 존재(이 공동체는 소통의 매체인 공동 언어와 공유된 역사를 중심으로 규정된다), ② 두 번째 축은 그러한 공동체가 현재 삶의 터전으로 삼는 호스트 사회, ③ 세 번째 축은 디아스포라 공동체 조상이나 본인들이 떠나온 고국이나 맥락contexts이다. 여기서 특히 주목하려는 축은, 세 번째 고국과의 관계이다.

그동안 디아스포라 연구는 고국의 이미지가 주로 노스탤지어적 기억이나 그를 전제로 한 회귀, 즉 과거적 성격에 방점을 찍고 있었다. 그러나 적지 않은 디아스포라 개인과 공동체들은 현지에서의 경험으로 형성된 자신들만의 관점과 의견으로 고국의 미래상을 구상하고, 또한 그렇게 미래에 존재하는 본국을 정체성으로 가지는 경향이 다분하다. 재일 동포 출신 재미 인류학자 소냐 량이 연구한 조총련계 민족학교 학생들의 경우가 대표적 사례이다(Sonia Ryang, 2009). 그들은 자신들의 국가 정체성이 현재의 북한에 있는 것이 아니라, 통일된 한반도에 있다고 주장한다. 재독 한인들 중에서는 진보적이든 다소 보수적이든 이런 탈분단 조국을 궁극적인 자기 국가 정체성으로 명확히 규정articulation하려는 경향이 있다. 이러한 미래 지향성을 포함한 혼종적 정체성은 디아스포라 문화 감수성의 주요 구성 내용이다.

그러나 이러한 디아스포라 문화 감수성들은 첨예한 이해관계에서 폭력의 희생양이 되곤 한다. 경계에 대한 감수성은 더욱 그렇다. 근래 한국 사회에서 경계라는 개념이 치열하게 거론되었던 사건은 아마 「경계도시 2」라는 다큐멘터리에서 재조명했던 재독 철학자 송두율 교수의 방한 사건이 아닐까 한다. 2003년, 37년 만에 고국을 찾은 송두율 교수가 〈거물 간첩〉이 되어 추방당하는 과정을 담은 「경계도시 2」는 2009년에 상영되었고, 적지 않은 비판적 지식인들이 2003년을 상기하며 〈경계〉와 〈경계인〉에 대한 저마다의 성찰적 의견을 내놓았다. 〈경계인〉에게 낯설고 비관용적인 지배적 분단 문화에 분노하고, 〈경계〉에 대한 탈냉전적 관점을 전도하려 애썼다. 그래서 경계는 이제 넘어서거나 허물 수 있고, 또는 상황에 따라 다시 만들고 또 확장할 수 있는 유동적이며 침투성 있는 문화적 개념으로 인식되기도 한다. 하지만 이러한 문화적 개념으로서의 〈경계〉를 일상과 탈일상이 교차하고 경합하는, 과거 호미 바바가 후기식민주의 논의에서 제안한 〈제3의 공간〉으로 보자는 송두율 교수의 경계 이론은 여전히 한반도 상황과의 접점에서는 이해도가 낮아지거나 배제되는 경향이 지속된다.

이러한 배제의 결과, 송 교수로부터 촉발된 재독 디아스포라 공동체의 독특한 문화적 감수성, 특히 경계에 대한 감수성을 어느 외로운 지식인 개인의 영역으로만 축소시키거나 신비화시키는 경향도 파생된 듯하다. 그러나 과거의 충격으로 트라우마를 경험하며 칩거 중인 지식인과 달리, 동시대의〈노동자〉출신 베를린 여성들은 현재도 꾸준히 디아스포라 감수성을 실천하며 형성해 나가고 있다. 이 글에서는 재독 한인 여성 운동가들의 활동과 이야기를 중심으로 디아스포라 문화 감수성의 내용을 파악하고, 기존 통일 독일에 대한 퍼즐 맞추기에서 중요한 조각들을 상기시키고자 한다.

2. 베를린, 재독 한인 디아스포라의 경계 감수성

냉전의 상징이었던 장벽이 관광 명소로 바뀐 베를린. 최소한 하룻밤을 묵고 가는 타지 관광객이 연간 2천8백만 명이라는 통일 독일의 수도 베를린. 물리적 경계가 허물어진 도시는 인류 역사상 가장 참혹했던 사건인 홀로코스트, 냉전과 분단의 스토리를 멜로드라마처럼 펼쳐놓았다. 동서독 간의 문화 장벽은 여전하다고 하지만, 베를린은 이미 유럽 현대 문화예술의 중심이자 다인종 글로벌 도시가 되었다. 세계 주요 도시들의 정체성을 논한 책, 『도시의 영혼: 글로벌 시대에 도시의 정체성은 왜 중요한가*The Spirit of Cities: Why the Identity of a City Matters in a Global Age*』(2011)의 저자들인 다니엘 벨과 아브너 드샬릿은 이러한 베를린을 (비)관용의 도시 the city of (In)tolerance라고 명명했다. 나치의 본산지에서 자유의 공간으로 현재 진행 중인 베를린에서, 분단국 수도인 서울과 평양은 과거 역사에 머물러 있는 듯 보인다.

베를린 장벽(1961~1989)의 붕괴는 독일인이나 현지 거주 이주민들에게는 정말로 〈불현듯〉, 누구도 예상하지 못한 극적인 드라마처럼 찾아왔다. 동서 베를린 시민들은 1989년 가을 갑작스러운 재통일의 축제를 즐겼지만, 한인 이주민들 중에서는 〈처음에는 무섭더라구요, 그냥. 그래서 아예 장벽이 있는 동네 쪽으로는 한참 가질 못했어요〉라며 두려워하기도 했다.[7] 그 두려움의 원인에 대해 그들은 주로 파독 초기에 받은 반공교육의 여파로 해석했다. 〈우리는 그때 소양교육이라 해서 받은 게 반공교육이었잖아요. 그래서 다들 제발 백림으로만 가지 말게 해달라고 속으로 다들 기도하고 그랬어요. 그런데 백림으로 간다니, 집안에서도 다들 걱정이 심했지요. 백림 지하철역 프리드리히슈트라세역은 아예 내리지 말라고 그랬어요. 그 역 지날 때마다 얼마나 무섭던지…….〉[8] 분단 이전의 교통 인프라와 상하수도 시설이

---

7   K 여사(60대 초반). 1976년 베를린으로 파견된 간호사.
8   C 여사(70대 초반). 1966년 베를린 공식 파견 첫 해 간호사.

그대로인 채 인위적으로 갈라진 동서 베를린 시절, 프리드리히슈트라세역은 동서 베를린 사람들이 공히 사용하는 역이었다. 각 정부는 서로가 만나지 않도록 역을 구분했으나, 서베를린 사람들은 동베를린 쪽 상점에 들러 쇼핑을 즐길 수 있었다. 즉, 서베를린 독일인들은 베를린 장벽을 동베를린 사람들보다는 보다 쉽고 자유롭게 넘나들 수 있었다. 그러나 서베를린에 살았던 한인 이주민들은 독일 남편을 따라 동베를린의 시댁 친척들을 방문할 때조차 혹여 한국 공관에 들켜서 한국의 가족들에게 불이익이 갈까 두려워한 사람들도 적지 않다. 남북한 분단선과 달리 넘나듦이 가능한 베를린 장벽을 경험하면서도, 그들은 가상의 공포를 쉽게 떨치지 못했던 측면이 있다. 이는 반공 이데올로기의 잔존이기도 하지만, 실질적으로는 동백림 사건(1967년) 이후 교민 사회에 끊임없이 회자된 프락치의 존재 등 원거리 국가권력에 대한 우려로서 역사적 산물이라 볼 수 있다.

반면에, 베를린 장벽의 붕괴를 남북한 통일에의 염원으로 승화시킨 교민 활동가들도 있다. 장벽이 무너진 그다음 날인 1989년 11월 10일, 베를린 거주 재독 한국 여성 모임 회원들은 북과 장구, 꽹과리와 〈Korea is One〉이라고 적힌 현수막을 들고 현장에 나갔다. 더불어 그들은 당시 북한을 방문하고 국가보안법으로 구속되어 있던 문익환 목사와 임수경 씨 등을 위한 석방 서명 운동을 전개했다(김용출, 2006). 당시 카이저 빌헬름 기념 교회 광장 등에서 서명 운동을 벌였는데, 동독 출신 독일인들이 보다 적극적으로 참여해 주면서 4천여 명의 시민들에게 순식간에 서명을 받기도 했다.

자신들의 삶의 현장인 베를린과 고국의 시공간적 거리를 동시적으로 연결시키는 재독 여성 모임 회원들의 열망의 실천은 나름 오랜 역사에 기반을 둔다. 그 역사에서 우리는 여성 운동가들의 독특한 경계 감수성이 형성된 계기와 특징을 몇 가지 예로 이해할 필요가 있다.

3. 엘리트 여성에서 노동자로의 자기 인식

이십 대 꽃다운 나이로 도착했을 때, 한국 여성들이 느낀 베를린은 〈그저 회색〉이라는 표현으로 압축된다. 거무충충한 거리와 건물, 금방이라도 비를 뿌릴 것 같은 흐리고 어두운 하늘, 그 배경 속에서 회색 외투를 걸친 늙은 할머니가 회색 털의 강아지와 함께 천천히 산책하는 풍경. 공산국가 동독으로 둘러싸인 서베를린은 육지의 섬이었고, 그렇게 분단 국가에서 국경을 넘어 온 한국 여성들은 누구보다도 중층적 경계들을 체험한다. 타국으로의 이주는 〈언어와 문화, 인종의 경계〉를 현실로 맞닥뜨리는 일이다. 현지 언론들이 〈노란 천사〉, 〈아몬드 눈을 가진 부드러운 천사〉 등의 극찬을 아끼지 않았지만, 그들은 시체실과 중환자실 근무는 물론 청소와 허드렛일까지, 자신들의 능력과 기술 이하의 일들을 해가며 현지 적응을 해야 했다.

이 과정에서 그들은 자신들의 고용 계약이 정당하지 않다는 점을 깨닫는 시기를 맞닥뜨린다. 호황을 누리던 독일 경제가 70년대 오일쇼크로 급격히 하락하자, 계약직으로 온 외국인들을 내보내고 자국민들의 일자리를 늘리려고 했다. 이때 베를린에서는 한인 교회를 중심으로 처음으로 서명 운동을 전개했다. 한인 간호사부터 시작하여 아시아 간호사까지 참여한 조직화한 운동이었다. 1만 명 이상이 참여한 서명 운동에는 독일 동료 직원들의 협조가 컸다. 〈그때까지만 해도 직장 내 차별을 경험해 온 탓에 독일 동료들이 도와주랴 했는데, 우리의 고용 조건을 보더니 자기들이 더 흥분해 가지고 환자와 의사들로부터 서명을 다 받아주더라〉는 것이다. 이 당시 한인 간호사들은 자신들이 한국 내에서 가졌던 〈백의의 천사〉 정체성(다소 중상류층의 자긍심)도 아니요, 국가 간 거래가 가능한 〈상품〉이 아닌, 〈노동자〉임을 주장했다. 이 운동은 그들이 독일 동료들과 노동자적 연대 의식을 경험할 수 있는 계기가 되었다.

당시 베를린은 동서독 국가 간의 팽팽한 기 싸움이 전개되는 현장이었다. 서베를린은 자유라는 화두로 동베를린은 사회주의라는 화두로 각각의 유럽적 모델을 구현하고자 했다. 특히 서베를린은 동독은 물론이거니와 서독 내에서도 가장 진보적이며 관용적인 도시 문화를 이루고 있었다. 서독 내의 특수 지구나 마찬가지였다. 서베를린 거주자들은 군대가 면제되었고, 세금 혜택도 받았으며, 심지어 서독으로 방문하고자 할 때 비행기값이 지원되기도 했다. 권위와 획일화를 부정하고 자유를 실현하고자 한 서독의 예술가와 젊은이들이 이주해 오기도 했다. 당시 유럽 청년 문화와 인식의 획기적인 전환점인 소위 〈68세대〉가, 서방 세계와 아시아에서 이주해 온 노동자들과 어우러지면서, 일찌감치 다문화·다인종 도시가[9] 되었다. 파독 간호사 출신 한인 여성들 중에는 이렇게 68세대 독일인들과 결혼한 경우가 적지 않았고, 68세대 사이에서 인기를 끌던 호치민과 마오쩌둥의 사상 및 생태 운동 등도 접하게 된다.[10]

9   베를린은 질서와 규율을 선호하는 서독의 타 도시 문화와도 구별된다. 예를 들어, 교통 신호를 안 지키는 무단 보행자가 많은데, 이는 과거 분단 시절부터 이어져 온 베를린 젊은이들의 문화라고 여겨진다(베를린 기술대학, 매트로폴리스 연구 센터 베를린 역사 연구원 A 씨와의 대화).

즉, 이중으로 고립된 줄 알았던 서베를린은 한인 여성 간호사들에게 문화적 매개와 접촉 지점contact zone이었다(Pratt, 1992). 현지 적응 과정에서 당시를 풍미한 진보적 문화에 노출되었고, 동료 노동자들과의 연대나 새로운 사회운동과의 교류를 경험할 수 있었던 것이다. 더불어 그들은 고국의 정치와 사회를 재인식하는 과정을 겪는다. 〈동일방직 똥물 사건〉, 〈YH 사건〉 등이 대표적이다. 70년대 말 자행된 한국의 여성 노동자 탄압 실태는 백의의 천사에서 노동자로 거듭난 간호사들에게 해외 연대 실천의 계기가 되었다. 당시 그들은 자기 가족이 아닌 한국의 노조 운동을 위해 모금운동을 벌여 본국에 송금했다. 그리고 1980년 광주항쟁은 재독 한인 운동의 기폭제가 되었다.

독일인 위르겐 힌츠페터Jurgen Hinzpeter에 의해 송출된 광주의 참혹한 현장은 이역만리 베를린의 해외 동포 사회에서 처음으로 광주를 위한 가두 시위를 벌이게 했다. 〈베를린 5·30 성토대회〉라고 알려진 이 시위는 한국의 해외 운동사에 기여한 바도 있겠으나, 그보다 더 흥미로운 것은 국가 공권력에 대한 인식의 전환이었다. 〈사람들이 처음에는 경찰

---

10   S 여사(60대 후반). 1973년 베를린 파견 간호사 출신으로 침술사와 대안 의료사로 활동.

한테 붙잡힐까 봐 무서워하기도 했어요. 아 근데, 우리가 이미 다 신고해서 승인을 받았더니, 경찰이 오히려 우리를 호위해 주더라〉는 것이다. 〈한국에서는 어디 당시에 그게 상상이나 하던 일이냐〉며, 그때까지만 해도 두려움과 반감의 대상이었던 국가 공권력이 억압의 기제가 아닌 국가의 공적 서비스 영역이자 본연의 임무라는 점을 인식했다고 한다.

4. 베를린-한국의 시공간적 이동

통일된 베를린에서 본다면 남북한의 정치적 상황은 여전히 과거에 머물지만, 재독 베를린 교포들은 고국 방문 시에 보다 중첩적인 시간 경험을 한다. 이제는 고향의 부모님도 돌아가시고 형제자매들도 몇 안 남았지만, 이미 오래전부터 고국을 방문하면 맨 처음 듣는 인사말 중에 하나는, 〈아이고, 독일 그지(거지) 왔네〉라는 우스갯소리(?)이다. 고향의 형제자매와 친구들은 지난 십수 년 동안 너무나 세련되어졌다. 피부와 머리 스타일, 곱게 화장한 얼굴과 화사한 패션. 반면에 자신은 몇 년이고 같은 머리 스타일에 화장기 없는 얼굴, 비슷한 재킷과 낡은 가방을 끌고 입국한다. 그 가방에는 옛날부터 그래 왔듯 작은 거 하나라도 가족들을 주려고 챙겨 넣은 선물들이 들어 있다.

　한때 독일로 건너간 〈소녀 가장〉들이 보낸 돈으로 학비와 생활비를 충당했던 가족과, 그런 해외 인력 송출을 통해 얻은 차관으로 경제 기적을 이룬 한국 사회는, 세계 최빈국 중 하나에서 부유한 나라로 급변했다. 고국의 〈압축적 근대〉와 달리, 독일의 교포들은 노동자로, 직장인으로, 일반 독일인들과 마찬가지로 다들 고만고만하게 벌며 살다가 퇴직했다. 사회보장제도가 잘 되어 있는 사회라 큰 걱정은 없지만, 그동안 목돈을 모아 둘 형편은 안 되어 퇴직 후 연금으로 생활하게 된다. 그나마 정년 만기로 퇴직한 경우라면 다행이지만, 그렇지 못한 분들 중에는 기초생활비 지원만으로는 생계가 곤란한 경우도 있다. 상대적 부의 격차가 현저히 줄어든 상태에서도, 독일은 여전히 한국보다 부자 나라임에도, 독일 교포들과 고향 친지들이 경험하는 경제적 삶은 역전된 것처럼 여겨지기도 한다.

　그러나 더 잘 살게 된 고향은 독일의 수정주의적 자본주의에 익숙해진 이들의 관점에서 보면, 〈지나치게 낭비하고, 남의 시선에나 신경 쓰는〉 모습으로 보인다. 한국의 〈일상은 정신없이 바쁘게 돌아가고〉, 일부 한국인들은 〈강아지를 아파트 베란다에만 가두고 산책도 안 시키는〉 동물 학대

자처럼 보이고, 대부분의 한국인들은 〈일을 얼마나 많이 하는지 다들 먹고살기 바쁘다〉며 걱정한다. 그래서 일부 독일 교포들은 고향인 한국에 대해 〈이따금 한 번씩은 가고 싶지만 우리 같은 사람은 살기 힘든 곳〉이라고 생각한다.

한편 디아스포라로서 고국에 대해 느끼는 격세지감은 파독 광부와 간호사들의 과거 〈업적〉을 민족화시킴과 동시에 정치적·이데올로기적 충성심을 자극했다. 파독 광부 간호사 출신 중심의 몇몇 한인 단체들은, 과거 자신들의 국가에 대한 〈희생〉과 그 과정의 〈고난〉을 생애사적으로 강조하며, 그에 대한 보상 차원에서 정부 보조금을 받아 내려는 데 집중하기도 했다. 이에 따라, 지난 몇 년 사이 한인 공동체를 대표한다는 단체들 간에는 이권을 둘러싼 충돌과 대립, 또는 개인 비리 등이 목격되기도 했다. 다행히 최근 들어 한인 총연합회 등이 1세대에 이어 1.5세대 중심으로 전환하는 시점인 터라 자성의 목소리와 함께 변화의 시도가 엿보이는 추세이다.

그럼에도 재독 한인 여성 모임을 비롯한 운동 단체들은 자신들의 해외 운동 성과에 대해 실망스러운 마음이기도 하다. 경제적 성장은 이루었으나, 열망했던 민주주의의 발전과 남북한 통일이 더욱 요원한 것처럼 보이기 때문이다.

하지만 베를린 한인 운동가들의 경계 감수성 차원의 중요한 특징으로, 독일 통일의 경우와 견주어 유의미한 내용을 간과해서는 안 된다. 그것은 〈과정 중심의 패러다임〉이며, 지속적인 소통과 교류라는 〈연대의 원칙〉이다. 이 중 연대의 경험은 위에서 간략하게 소개한 노동 기간 연장을 위한 서명 운동 사례도 해당한다. 이후에도 베를린 거주 한인 운동가들은 독일의 녹색당, 금속노조, 그리고 연합노조 베르디 Ver.Di 등과 독일의 정치 사회 및 노동 운동에 참여하고, 한국 내 문제에 대해서도 그들과 연대 활동을 진행해 왔다.

한국 내 사회 운동 단체들과의 지속적인 소통과 교류의 연대 활동은 사안별로 다양하고 그 수도 많다. 가장 대표적인 연례행사로는 〈오월민중제〉를 들 수 있다. 1980년 광주 항쟁 이후 한 해도 거르지 않고 개최되었으며(2021년 현재까지 41년 동안), 지금도 칠순을 넘긴 1세대 운동가들이 주도하고 있다. 뜻을 같이하는 다양한 모임들이 준비위를 구성하여 개최하는 오월민중제는 5월 18일 즈음에 그해 지정된 장소에서 금요일 저녁부터 일요일 오전까지 진행된다. 장소는 베를린에서 주로 개최하지만, 타 도시를 번갈아 가며 개최하는 것을 선호한다. 오월민중제의 핵심은 광주 영령들을 위한 추모제와, 한국에서 초대한 현장 활동가 또는 독일 내 학자들의 강연 및 토론회, 그리고 토요일 저녁의 대동놀이 문화 행사로 구성된다. 1세대 활동가들이 최근 지병과 노환으로 돌아가시고 있어서 세대를 넘어 이어질지는 미지수이다. 하지만 이들은 할 수 있는 날까지 직접 현수막을 걸고 추모 제상을 차리며, 「광주출정가」와 「임을 위한 행진곡」이 담긴 추모제 팸플릿을 인쇄할 것이라고 한다.

이러한 1세대 운동가들의 지속적 운동은 공감을 통한 연대의 감수성을 동반한다. 재독 여성 모임 및 코리아 협의를 주축으로 하는 베를린 활동가들은 일본 이주민, 독일 현지 여성들과 연대하여, 일본 위안부 문제 해결을 위한 국제 활동을 지속적으로 진행하고 있고, 최근 온라인을 활용한 자발적 참여 운동으로 시작된 젊은 이주민들 중심의 〈세월호를 기억하는 베를린 행동〉과의 연대 활동도 이어 가고 있다.

당장의 〈성과〉가 나오는 활동들이 아님에도 지속적으로 운동을 유지하는 배경에는, 독일 통일을 해석하는 관점과도 연관성이 있다. 독일 정치인이나 학자들의 전반적인 견해 중 하나는, 독일의 통일은 예상하지 않은 상황에서 갑자기 벌어진 〈사건〉이라는 것이다. 그러나 베를린을 비롯해 서독에 거주하던 한인 운동가들은 그러한 역사적 사건이, 과정 중심의 실천 행위로부터 파생된 결과물이라는 점을 인식하고 있다. 여기서 〈과정 중심〉이라 함은 통일이라는 목표를 상정하고 성과 중심주의로 일을 전개하는 방식과는 다른 패러다임임을 의미한다. 흔히들 독일 통일의 근원으로 서독의 동방 정책을 거론하는데, 그렇다고 동방 정책의 궁극적인 목표가 독일 통일이었다고 보기는 어렵다. 동방 정책의 근저에는 분단의 영구화를 전제로 동독을 이웃 국가로 인정하고, 유럽 주변 국가들과의 소통과 교류를 전반적으로 회복·활성화하는 장기적이고 광범위한 구상이 있었다. 그러한 정책을 정권이 바뀌어도 지속해 나갔다는 사실을 간과해서는 안 된다(Kamppeter, 2010). 한인 운동가들은 독일의 학교, 직장, 정치 모두에서는 서로가 납득할 만한 결론을 도출하기까지 지속적으로 〈논쟁〉하는 것이 중요하다는 점을 경험했고, 특히 다당제와 비례대표제에 따라 연정을 구성하는 정치문화 역시 독일에서 그들이 경험한 감수성의 일부이다.

따라서, 재독 한인 운동에서 경계는 시공간의 물리적 선이기도 하지만, 연대와 과정적 서사narrative의 장field이라는 성격을 띤다고 볼 수 있다. 이러한 경계 감수성은 과거에 기반한 비극의 서사로만 생애사가 머물도록 두지 않는다. 베를린 장벽 붕괴와 더불어 남북통일을 기원한 지 31년이 흘

렸고, 앞으로 시간이 그만큼 더 흐른다 할지라도, 그들은 제 3의 공간인 베를린 거리에서 분단된 고국의 미래를 지향하는 의례를 연행할 생각이다.

5. 결론을 대신하며: 베를린 거리의 서울, 그리고 평양

베를린을 방문한 한국인들은 한때 냉전과 분단의 상징이었던 장벽이 무너진 자리를 유난히 감명 깊게 거닐곤 한다. 정부 관계자들 역시 마찬가지이다. 2015년에는 한국문화원에서 장벽이 있던 자리에 남북한 통일을 기원하고자 통일정을 세웠다. 그 옆 관광 명소 중 하나인 소니 센터는 대한민국 국민연금 재단이 사들인 지 오래다. 베를린 공관에 근무하는 한국 외교관들도 베를린 공관이 타국 공관과 다른 점은〈통일〉이라는 화두에 있다고 자부심 있게 의미를 부여한다. 경계가 무너진 도시 베를린은 국가 기관이든, 관광객 신분의 시민이든, 저명한 지식인이든 분단국 국민들에게 특별한 영감을 준다. 휴전선도 다른 경계들처럼 허물 수 있고 넘어서기도 하는 그런 유동적〈선〉이 되기를 열망한다.

　그러나 이러한 감성적 반응은 베를린 한인 디아스포라 운동가들의 감수성과 만나 더욱 성숙해져야 한다. 한국문화원의 통일정은 아쉽게도 과정 중심의 경계 감수성이 배제된 성과 중심의 전시물이라고 할 수 있다. 그 구상부터, 착공식, 건축 과정과 건립식 모든 절차에는 북한 공관과의 협력 의도조차 배제되어 있었다. 〈거기(북한 대사관)하고 같이 하자고 했으면, 아마 착공식도 못했을 것〉이라는 공관 외교관의 말이 아니더라도, 제3의 공간 베를린에서도 국가 권력 간 남북한 관계는 신냉전 기류를 타고 있다. 그러나 디아스포라와의 소통과 교류를 통해 본국의 사회 문화역시 변화를 가져오기 마련이다. 경계를 뜻하는 독일어의 Grenze와 경계인을 뜻하는 Grenzegaenger라는 단어는 넘나듦, 초월, 혹은 양립성 등의 의미를 동시에 내포함과 동시에 그 자체로 시공간적 의미를 지닌다. 물리적 경계가 허물어진 베를린은, 디아스포라 공동체를 매개로 서울과 평양사이를 잇는 제3의 공간으로 전유될 수 있으며, 이를 위해한인 디아스포라의 문화 감수성은 지금도 남북한과의 보다자유로운 교류와 소통을 열망한다.

기억의 도시, 베를린

1. 손기정 선수가 태극기를 처음 본 베를린

베를린은 일제 강점기 나라 잃은 조선 민족의 역사와 떼려야 뗄 수 없는 인연을 갖고 있다. 1936년 베를린 올림픽이 그중 하나이다. 서구 사회에서는 베를린 올림픽을 나치 올림픽이라 부르며 폄하하기도 한다. 반면, 우리 역사에서는 마라톤의 영웅 손기정, 남승용 선수들로 인해 민족적 의미를 지닌 올림픽으로 회자된다.

베를린 올림픽의 개최가 결정된 건 1931년이었으니 히틀러가 집권하기 전이었다. 히틀러는 처음에는 올림픽 개최에 부정적이었다. 하지만 곧 독일 민족의 우월성과 반유대주의를 전 세계에 알릴 기회로 삼았다. 이 때문에 베를린 올림픽은 대대적으로 사전 홍보가 된 것은 물론, 역사상 최초로 전 세계 41개국에 텔레비전과 라디오로 중계되었다.

나치 독일은 최다 메달을 획득했고, 독일 민족의 생물학적 우월성까지 선전하려던 히틀러의 의중이 마치 성공한 듯했다.

하지만 그의 의도는 완벽하지 않았다. 미국의 육상 대표로 4관왕을 차지하며 올림픽 최고의 선수가 된 제시 오웬스 Jesse Owens는 흑인계 미국인이었고, 나아가 올림픽의 꽃이라 불리는 마라톤의 우승자는 아시아인인 손기정 선수였던 것이다. 물론 손기정 선수는 일본인으로 소개되었고 현재도 스타디움 기록판에는 일본인 기타이 손으로 등재되어 있다. 한국에서는 시상대에서 고개를 숙인 채 꽃으로 일장기를 가린 손기정 선수의 모습이 담긴 사진이 많이 알려져 있는데, 그가 조선으로 돌아왔을 때는 포승줄에 묶여 있는 모습이었다. 올림픽 마라톤 금메달리스트를 포승줄을 묶어 입국시키다니! 이 사건에 대해 적지 않은 사람들은, 당시 『동아일보』에서 손기정 선수 가슴에 새겨져 있던 일장기를 지웠기 때문이라고 여기곤 한다. 하지만 그건 손 선수의 잘못이 아니기에 개연성이 적다.

보다 깊은 사연은 그의 자서전을 통해 유추해 볼 수 있다. 손기정과 남승용 선수는 마라톤에서 각각 우승과 3위를 차지한 후 일본인들이 마련한 축하 파티에 참석해야만 했다.

(좌) 베를린 칸트스트라세의 유덕고려학우회가 있던 건물
(우) 베를린 경기장 인근의 손기정 동상

그러나 그들은 거기에 나타나지 않았다. 그들이 간 곳은 베
를린 칸트스트라세의 한 두부 공장이었다. 그곳은 안중근
의사의 사촌인 안봉근 선생의 사업장이자 당시 독일 내에
서 조선의 독립운동을 염원하던 단체인 유덕고려학우회의
아지트이기도 했다. 1910년 한일 강제 병합 이후 태어난 손
기정은 그날 이역만리 독일 베를린에서 생전 처음 태극기
를 보았다. 벽에 걸린 태극기를 보는 순간 마치 온몸에 전기
자극을 받은 양 전율을 느꼈다. 당시 일제는 손기정과 남승
룡 선수가 자신들이 경계하는 해외 독립운동 세력과 접촉
했었다는 사실을 알아차렸을 것이다. 더욱이 조선 내에서

보론 기억의 도시, 베를린

신문을 통해 민족의 영웅이 된 손기정은 경계의 대상이었다. 가슴에 일장기를 달고 뛸 수밖에 없었던 조선의 청년들에게 민족의 정체성과 독립의 의지를 심어 주었던 장소가 베를린이었던 것이다.

안봉근 선생은 1920년 이미륵 선생을 독일로 망명시킨 장본인이기도 하다. 그리고 손기정 선수가 독일 방송에서 일본인으로 소개되었을 때 이를 정정 보도하도록 했던 것으로 추측된다. 당시 손기정, 남승룡 선수들과 10여 명의 재독 한인들이 모였었던 두부 공장은 지금은 다른 상가로 변했고, 안봉근 선생의 마지막 자취는 묘연하다. 소설 『압록강은 흐른다』 등 많은 작품을 통해 독일에서 조선의 존재를 알린 이미륵 박사를 최초의 정치 난민으로 추앙하듯, 안봉근 선생에 대해서도 관심이 요구된다. 안봉근 선생 역시 글과 영화 출연, 독일 민속박물관 전시 작품 제작 등으로 독일에 우리 민족 문화를 소개했다는 점을 상기할 필요가 있다. 그렇게 베를린과 우리 한민족의 근대사는 깊은 인연을 가지고 있다.

2. 〈상처 입은 용〉의 집 — 윤이상하우스

한국에도 잘 알려진 독일의 여성 작가 루이제 린저는 그의 한국인 친구 윤이상 작곡가와의 대담집 제목을 『상처 입은 용』이라 했다. 윤이상이 들려준 어머니의 태몽에서 따온 제목이었다. 하늘로 승천하려는 용이 미처 오르지 못하고 힘들어하길래 가까이 가봤더니 몸에 상처가 나 있더라는 것이다. 윤이상과 함께 베를린 예술원의 회원이자 절친이었던 루이제 린저는 이 태몽 이야기를 듣고 그게 바로 윤이상의 삶을 닮았다며 감명을 받았다.

1960년대 초반, 서양 전통 음악계가 교조주의적 아방가르드 방식에 빠져 헤어 나오지 못할 때, 서양 음악의 본원인 독일에서 윤이상이라는 신예가 등장했다. 그는 자신의 작품들에서 한국적 리듬을 서양 악기의 선율로 구현함으로써, 동-서양 음악을 가장 질적으로 융합시킨 장르를 탄생시켰다. 독일 음악 비평가들은 서양 현대 음악이 나아가야 할 새로운 길을 열었다며 그의 작품 세계를 극찬했다.

그러나 1967년 그는 홀연 독일에서 사라진다. 바로 동백림 사건이라 불리는 희대의 간첩 조작 사건에 휘말려 독일 땅에서 한국 정보원들에게 강제 납치되어 감옥에 갇힌 것이다. 당시 카라얀을 비롯한 내로라하는 세계적인 음악가 181명이 윤이상 구명 탄원서에 서명하고, 언론 보도를 통해 서독 정부를 압박했다. 독일 대학생들은 음악 콘서트장과

거리에서 시위를 벌였다. 서독 정부는 한국과의 외교 단절과 차관 취소 등의 강수를 두었다. 한국에서 온 비정규 이주민의 인권을 위해서 말이다.

박정희 군사 정권은 1969년 윤이상을 시작으로 동백림 사건으로 사형이나 무기징역 등을 구형받았던 피해자들을 특별사면 형식으로 풀어주고 추방했다. 윤이상은 그렇게 약 2년여 만에 베를린으로 돌아왔고, 서독 정부의 제안을 받아들여 독일 시민으로 귀화한다. 1974년에는 서베를린의 남서쪽 끝 반제 호수 건너편에 위치한 클라도우구에 자택을 마련하여 1995년 타계할 때까지 가족과 함께 살았다.

이곳에서 그는 120여 곡 이상의 작품을 창작했다. 이 집을 윤이상하우스라고 부른다. 한국의 해외 문화유산으로서나 독일의 음악사에서 매우 의미 있고 중요한 장소가 아닐 수 없다. 이 집을 방문하는 길은 베를린의 또 다른 면을 감상하는 계기이기도 하다. 베를린 시내에서 전철을 타고 베를린-반제역에서 내려 한 시간에 두 대씩 운항하는 배를 약 20분 정도 타는데, 거대한 호수의 물살을 가르는 배 안에는 자전거를 싣고 건너는 여행객들도 있고 마을 주민들도 있다. 그렇게 자연이 살아 있는 호수를 건너면 선착장 근처에 여유로워 보이는 맛집 식당들과 비어 가든이 보인다. 호

남북 통합을 열망하는 베를린의 접촉 공간인 윤이상하우스

수와 만나는 하펠 강변을 끼고 난 산책로를 약 10여 분 걸어
가며 강변을 내려다보는 저택들이나 넓은 잔디밭, 하늘 위
로 솟은 나무들을 즐기다 보면 오른편 언덕 쪽에 윤이상하
우스가 나타난다.

　1995년 고인이 떠난 후 오랜 동안 비어 있던 집을 2018년
에 약간의 수리와 보수를 한 후 개관했으나 다른 기념관처
럼 상시 오픈하는 곳으로 만들지는 못했다. 하지만 부족하
게나마 고인의 삶을 다룬 포스터들을 둘러보며 설명을 듣
고, 고인이 살아생전 모습을 떠올려보는 것만으로도 새로
운 평화 기행이 아닐 수 없다.

(위) 2018 7월 윤이상하우스를 방문한 한국의 대학생들과 동백나무의 회생을 기원함
(아래) 윤이상하우스의 한반도 모양의 연못

집의 위치도 베를린에서 고인의 고향인 바닷가 통영과 가장 유사한 곳이다. 발코니에서 보면 왼편 아래로 하펠강과 거대한 반제 호수 사이에 섬들이 있어 마치 통영을 연상케 한다. 발코니 아래 정원에는 한반도 모양의 연못이 놓여 있다. 그 연못에는 남북을 가르는 휴전선이 없다. 물고기들은 남북 지형을 오가며 노닌다. 그 발코니에 서 있는 윤이상 작곡가를 상상해 보라. 그는 저 호숫가에 자신이 작곡한 모든 음악의 원류라 할 수 있는 고향에 대한 옛 추억을 두고, 발코니 아래 정원에는 분단이 걷힌 미래의 한반도를 두었던 것이다. 비록 몸은 베를린에 살고 있었지만, 윤이상은 남과 북을 잇고, 동양과 서양의 문화와 정신을 음악을 통해 소통시키는 망명객이자 매개자로서의 정체성을 지닌 음악가였던 것이다. 그런 그의 삶과 정서 그리고 민족주의적 철학은 음악으로 승화되었다.

고인과 고인의 흔적들은 지금은 사라졌지만, 윤이상하우스에는 또 하나의 의미 깊은 상징물이 생겼다. 바로 2017년 7월 문재인 대통령의 영부인 김정숙 여사가 고인의 묘소 옆에 통영의 동백나무를 옮겨 심은 것이다. 고인의 유해가 2018년 봄에 고향 통영으로 옮겨져, 동백나무는 윤이상하우스로 옮겨졌는데, 동백나무도 생물인지라 새로운 토양에

뿌리를 내리기 전에 또 한 번 옮겨 심어지니 심한 몸살을 앓았다. 뿌리들이 한껏 위축되고 한쪽 가지들이 모조리 죽어나갔다. 그렇게 생을 마감하는 줄 알았지만 여름이 지나면서 서서히 새로운 잎을 틔워 올렸다. 마침내 통영의 나무에서 베를린의 나무로 자라기 시작한 것이었다. 윤이상하우스를 찾는 남북한의 청년들은 이 동백나무 주위에서 기념 촬영을 한다. 동서양의 음악 세계를 잇고, 남북한을 초월한 범민족주의적 정서와 민족의 하나 됨을 평생 추구했던 고인의 삶을 되새기고, 새로운 열망을 다짐하듯이 말이다.

3. 베를린 장벽에 새겨진 〈조국은 하나다〉

1989년 11월 9일, 베를린 장벽이 무너지기 시작했다. 누구도 예상치 못한 결과였다. 서독은 1960년 후반 동방 정책이 시작되고, 1972년 동서협약이 체결된 이후 독일 통일에 대한 계획을 철회했다. 인류사에서 가장 참혹한 제2차 세계 대전의 전범국이라는 불명예를 안고 분단되었으니 다시 민족이 합쳐 봤자 어차피 위험할 뿐이라고 여겨졌다. 그래서 그냥 서로 다른 체제의 이웃 나라로 살아가고자 했다. 그러다 보니 오히려 사회문화적·경제적 교류가 가능했고, 서독 사람들은 자유롭게 동독을 방문하곤 했다. 동독 사이에 고립된 섬과 같았던 서베를린도 동독 지역을 차로 지나 방문할 수 있었다. 동독 사람들은 서독 방송을 청취하고, 서독 가족에게서 명절 때마다 선물 박스를 소포로 받았다. 동서독 간에 내전을 치른 적도 없었기에 서로 미워할 이유도 없었다.

소련에서 개방 정책인 페레스트로이카가 진행되면서 사회주의 국가들의 변화가 두드러졌다. 하지만 동독 정권은 변화를 거부했다. 이에 동독 국민들은 라이프치히의 작은 교회에서부터 개혁·개방을 요구하는 평화 기도회를 열었다. 그 움직임은 한 달 사이 동독 정권의 변화를 이끌어냈다. 그리하여 베를린 장벽은 동쪽에서부터 허물어졌다. 〈우리의 소원은 통일〉을 목 놓아 불렀던 한반도가 아니라, 통일을 할 마음도 없었던 독일이 먼저 장벽을 거둔 것이다. 냉전 체제를 상징하던 베를린 장벽이 무너지면서 국제 질서는 빠르게 재편되기 시작했다.

당시 베를린에는 동서 분단과 해체를 몸소 체험한 파독 간호사 출신의 한인 여성들이 있었다. 그들은 동서 베를린인들의 축제 장소가 된 브란덴부르크 관문 앞 장벽 있는 곳으로 가서 현수막을 펼쳤다. 베를린 장벽이 무너지며 독일의 통일이 다가왔는데, 그들이 펼친 현수막에는 한글로 한반도의 통일을 염원하고 있었다. 그리고 누군가는 아직 서

(위) 1989년 베를린 장벽 붕괴 당시 한반도 통일을 열망하던 재독 한인 여성 모임

(아래) 2020년 6월 27일 브란덴부르크 문 앞 광장에서 종전을 외치는 재독 한인들

베를린 장벽에 새겨진 〈조국은 하나다〉

있는 장벽에 망치와 정으로 〈조국은 하나다〉라고 새겼다. 베를린 장벽 붕괴를 한반도 통일과 연결시킨 역사 최초의 버스킹이 아닐 수 없었다. 유럽의 냉전이 해체되기에 아시아의 냉전 체제도 한반도 통일로부터 해체되리라는 기대를 가졌었다. 하지만 그로부터 30여 년이 지나도 아시아의 냉전은 그대로 유지되고 있다. 그래도 1989년 당시 현수막을 들고 있던 그들의 열망은 현재도 꺾이지 않고 이어지고 있다.

베를린의 상징적 장소 중 하나는 브란덴부르크 문이다. 18세기 프로이센 왕국의 수도로 성장하면서 세워진 이 거대한 고전주의 건축물은 자유와 평화를 상징하는 여신이 끄는

(위) 브란덴부르크 문 동쪽 광장에서 한국의 위안부 문제를 알리고자 거리
공연을 하고 있는 한국의 대학생들
(아래) 셋넷학교 탈북 청소년들의 생애 경험을 승화시킨 음악극 공연

사두마차상을 얹고 있었다. 19세기 나폴레옹이 점령한 후 그 사두마차는 파리로 옮겨졌었다. 그러나 프로이센이 프랑스와의 전쟁에서 승리하여 파리를 점령하자 다시 제자리로 옮겨졌다. 브란덴부르크 문은 제2차 세계 대전 때 폭격으로 훼손되었다가 분단 시기에 복원되었고, 베를린 장벽 붕괴 당시와 그 이후로 다시 자유와 평화의 상징이 되었다.

이러한 브란덴부르크 문이 있는 광장은 한국 사람들에 의해 더 큰 상징적 의미를 지닌 공간으로 거듭나곤 한다. 이제는 과거가 되어 버린 통일의 역사를 한국 사람들이 미래적 가치로 전환시키기 때문이다. 시공간을 초월하는 이러한 감성은 의례를 통해 구현된다. 여름철이면 브란덴부르크 문 광장에 한국 청년들이 찾아와 퍼포먼스를 펼치곤 한다. 북쪽 출신의 청년들도 방문하여 남북한이 하나 되는 미래를 노래한다. 잠정적으로 멈춘 전쟁을 종식시키고 평화의 한반도를 위한 염원을 세계 도처에서 온 시민들과 나누는 제3의 공간이 바로 브란덴부르크 문 앞의 열린 광장인 셈이다.

4. 베를린의 기억 문화 1: 전쟁과 학살의 참회록

베를린은 독일 역사의 치부를 숨기지 않는 곳이다. 무엇보다 방문객들은 이곳에서 인류사에 가장 참혹한 인종 학살이었던 홀로코스트의 과거에 대해 줄기차게 반성하는 독일의 참회록을 쉽게 접할 수 있다.

브란덴부르크 문에서 포츠다머 플라츠 쪽으로 향하면 바로 보이는 홀로코스트 추모공원이 대표적이다. 거대한 네모 모양의 돌들이 마치 무덤처럼 즐비하게 펼쳐져 있다. 독일 국가 차원의 추모를 대표하는 이 상징적 조형물은 매우 추상적이다. 그래서 별다른 슬픔의 감정을 못 느낄 수도 있다. 그냥 스케일 자체에 압도당하는 느낌을 받을 것이다. 그나마 지하에 위치한 추모관에 들렀을 때 좀더 생생한 학살의 역사를 접할 수 있다. 어찌 보면 국가 차원에서 홀로코스트를 추모하고 반성하는 방식은 희생자에 대한 익명성, 그리고 다양한 감정들을 느끼게끔 예술적 추상성을 추구한 데서 비롯한 것일 수 있다.

홀로코스트 희생자들에 대한 추모는 독일이 제2차 세계대전의 전범국임을 참회하는 상징적 의례로서 독일 시민들의 집단 죄의식처럼 강조되고 있다. 독일은 나치 전범들에 대한 처벌과 희생자들에 대한 보상을 통해 죄과를 다 치렀다고 결코 자만하지 않는다.

독일 국민의 정체성 중 하나가 된 참회론적 역사 의식은 소위 68세대의 시대정신이기도 했지만, 빌리 브란트 수상

홀로코스트 추모 공원

의 역할 역시 중요했다. 사회주의 동구권과의 외교 정상화를 꾀한 동방 정책을 수립한 그가 1970년 폴란드를 방문하여 바르샤바 게토 추모비 앞에서 참배했을 때, 독일 현대사에서 매우 중요한 사건이 벌어졌다. 그가 비에 젖은 바닥에 무릎을 꿇은 것이다. 의전에도 없었고 아무도 예상하지 못한 참배 방식이었다. 반나치 저항 운동을 했던 그가 마치 자기가 지은 죄라도 되는 양 무릎을 꿇은 모습은 독일인들에게도 충격적이었다. 그의 이러한 사죄 행동은 과거의 학살을 나치만의 범죄로 국한시키지 않고, 현존하는 독일 국가와 국민 모두의 과오로 치환시켰다. 또한 독일, 당시로서는

(위) 카이저 빌헬름 기념 교회
(아래 좌) 폴란드 바르샤바 유대인 추모비 앞에 무릎을 꿇은 빌리 브란트 수상
(아래 우) 홀로코스트 희생자 한 명 한 명을 추모하는 슈톨퍼슈타인

서독 국민들이 역사적 부채 의식을 갖도록 유도하는 효과를 가져왔다.

독일에서 과거를 기억하는 문화는 민간 영역에서도 자발적으로 진행되고 있다. 국가가 지은 거대한 홀로코스트 추모 공원이 익명성과 추상성을 특징으로 지니고 있다면, 민간 차원에서는 희생자 한 명 한 명을 호명하는 방식을 보여준다. 바로 베를린뿐 아니라 독일 전역 어느 도시에서나 길을 가다 만나게 되는 걸림돌이 그것이다. 독일어로 슈톨퍼슈타인Stolperstein(영어로는 stumbling stone)이라 불리는 가로세로 10센티미터의 두꺼운 동판 블록을 당시 희생자가 살았던 건물 바로 앞 보도에 심어 놓는 것이다. 독일인 예술가 군터 뎀니히Gunter Demnig에 의해 1992년부터 시작된 이 작업으로 현재 독일을 비롯한 유럽 곳곳에 7만 5천 개 이상의 슈톨퍼슈타인이 설치되었고, 세계적으로 가장 분산된 추모비로 알려져 있다.

베를린의 랜드마크 중 하나로 관광객들이 가장 많이 붐비는 광장에 허물어진 건물이 우뚝 서 있다. 1890년대 프로이센 왕국 시절 빌헬름 1세를 기념하기 위해 세워진 이 거대한 교회는 1940~1945년 사이 연합군의 폭격으로 처참하게 부서졌다. 하지만 전쟁이 끝나고 지금까지도 부서진 모습

(위) 그뤼네발트역 17번 홈
(아래) 유대인 이송 기록을 새긴 철판

그대로 서서 그날의 참상을 보여 주고 있다. 물론 이 참상은 피해자의 호소가 아니라 전범국의 민낯이다. 제2차 세계 대전 당시 연합군은 나치 독일의 수도 베를린 도심의 80퍼센트를 폭탄과 총격으로 부수었다. 그러나 당시 베를린의 건물들은 견고한 돌과 벽돌로 지어졌기에 부분적으로 파손된 건물들이 적지 않았다. 그중 하나가 바로 이 카이저 빌헬름 기념 교회이다. 현재 부서진 교회 건물은 박물관으로 사용되고 있으며, 예배와 각종 콘서트가 열리는 본당은 바로 옆에 원형 모양으로 새로 지어져 활용되고 있다.

1941~1945년 사이 약 5만 명의 베를린 거주 유대인들이 그뤼네발트역에서부터 기차에 실려 아우슈비츠처럼 폴란드에 위치한 강제수용소로 이송되었다. 그리고 대부분은 돌아오지 못했다. 수백 년을 이웃이거나, 동료이자 친구, 심지어 가족의 일부로 살았던 똑같은 사람들을 유대 혈통이라는 이유만으로 비인간화시키고 몰살을 감행했던 광기의 시대. 1871년 비스마르크 총리에 의해 프로이센 왕국을 중심으로 최초 민족 통일을 이룬 독일 민족이 히틀러를 만나 만들어 낸 치욕의 역사인 셈이다.

그뤼네발트역에 위치한 17번 홈은 1980년대 후반부터 추모 지역으로 구상되어 1991년에 완공되었다. 서울의 전철역과 달리 베를린에는 별다른 탑승 시설 없이 역사 입구를 통해 해당 홈으로 걸어가면 된다. 〈Gleis 17〉, 즉 17번 홈이라는 표지판 옆 계단을 따라 오르면 일반 플랫폼처럼 선로가 있고 열차를 기다리는 승강장 보도블록이 그대로 복원되어 있다. 그러나 일반 플랫폼에 있을 법한 안전선 자리에는 몇 년, 몇 월, 며칠, 몇 명의 유대인들이 이송되었는지에 대한 기록이 새겨진 철판이 심어져 있다. 지워지지 않을 기억처럼 견고한 철판은 녹이 슬어도 선명한 글씨를 보여준다. 그리고 플랫폼 끝을 지나 옆길로 가다 보면 시멘트 조형물이 보인다. 어디론가 고통스럽게 끌려가는 사람들의 윤곽들이 새겨진 추모 예술품이다. 이렇듯 베를린은 치욕스러운 과거를 감추거나 숨기지 않고 다시 현재의 역사로 환원시키는 기억 문화가 존재하는 곳이다. 어쩌면 오랜 기독교 전통에서 나온 회개의 문화가 세속화된 역사와 시대정신에 여전히 녹아 들어가 있기 때문인지도 모른다.

5. 베를린 기억 문화 2: 동서분단과 통일

2015년 겨울, 한국에서 살고 있는 북한이탈 청년들이 베를린을 방문했다. 그들은 분단의 상징이었던 베를린 장벽을 찾아가 자신들이 공연할 음악극의 일부 동작을 취하는 퍼포먼스를 선보였다. 부모, 가족, 친구들이 남겨진 고향을 등지고 어린 나이에 압록강을 건너 중국으로, 중국에서 태국, 몽골 등 제3국을 거쳐 남한에 정착해 살아가고 있는 그들은 한반도 분단이 낳은 새로운 이산가족이기도 하다. 그들은 정치적 이해관계를 떠나 냉전에 의해 분단된 민족의 현실이 만든 피해자이다. 북에서는 기근과 질병에 시달렸지만 남에서는 생각지도 못한 차별을 견뎌야 했다. 그들에게 동서 분단의 역사를 과거의 유물처럼 전시한 베를린 장벽은 부러운 대상이기도 하거니와 여전히 볼 수 없는 고향 땅에 대한 그리움을 자아내는 매개물이기도 하다. 담장을 한 뼘 한 뼘 오르는 담쟁이 넝쿨처럼 탈분단의 자아를 추구하는 그들의 몸짓도 기어코 벽을 넘기 위해 몸부림친다.

베를린 장벽은 1961년에 세워지기 시작했다. 동서로 나뉜 후 거의 20여 년이 지난 후였다. 장벽이 세워지기 전 동서 베를린은 각자 초병들에 의해 감시되긴 했지만, 베를린 사람들은 서로 왕래하며 지냈다. 거리를 하나 사이에 두고 가족이 있었고 친구가 있었던 것이다. 동시에 사회주의 통치 하의 동독을 버리고 서독으로 이주하려는 사람들도 꾸준히 있었다. 베를린은 물론 동서독 간에 장벽이 세워지기 전에 이미 350만 명 정도의 동독인들이 서독으로 넘어갔다. 이러

보론 기억의 도시, 베를린

한 대규모 인구 이동을 막기 위해 동독 정부는 동서독 분단 장벽을 세워야 했다. 그리고 동독 지역에는 장애물을 더 설치했다. 이것이 유럽 냉전 체제를 상징하는 〈철의 장막〉이라 불린 동서독의 분단 장벽이 된 것이다.

1944년에 태어난 피터 페히터는 1962년 당시 열여덟 살이었다. 그와 부모들이 사는 침머스트라세 동쪽 건물은 동베를린에 속했고, 서쪽 건너편에는 결혼한 누이가 살고 있었다. 분단 철책선이 세워지기 전 피터와 부모들은 종종 누이를 방문한 뒤 돌아오곤 했다. 그러나 철책선이 세워지자 가족은 생이별을 하게 되었다. 피터는 친구인 헬무트 쿨바이크와 함께 동베를린을 탈출할 계획을 세우고 마침내 감행하기로 했다. 그는 벽돌공이라는 직업을 가지고 있었으나 보다 나은 미래가 서베를린에 있을 거라고 생각했다. 마침내 피터와 헬무트는 안쪽 장애물을 무사히 건너고 마지막 2미터가량의 철책 담장만 넘으면 되었다. 몇 초 후면 두 발이 서쪽에 닿을 거라고 기대했다. 하지만 경계 근무를 서던 동독 병사가 총격을 가했다. 헬무트는 무사히 넘었으나, 피터는 골반에 총상을 입고 동베를린 지역에 그대로 떨어졌다.

수백 명의 서베를린 사람들이 안타까운 마음으로 도와달라고 외치는 피터를 바라봤다. 당시에는 아직 콘크리트 장벽이 세워진 게 아니라 건너편을 볼 수 있었다. 그러나 분단선을 넘어 동베를린으로 갈 수 있는 사람은 없었다. 그저 지혈을 위해 붕대를 던져 주는 일밖에는 할 수 없었다. 그마저도 피터는 손으로 잡을 수 없었다. 한 시간이 흐르는 동안 동베를린에서는 의료진의 손길도 없었다. 어떤 구호도 없이 기자와 시민들이 지켜보는 앞에서 피터는 과다출혈로 열여덟 청춘의 삶을 마감했다. 고인은 베를린 분단으로 인해 사망한 스물일곱 번째 희생자가 되었다.

사진에 보이는 추모비는 바로 열여덟 살의 피터 페히터가 숨진 장소에 세워졌다. 〈그는 단지 자유를 원했을 뿐이다 er wollte nur die Freiheit〉라는 짧지만 강렬한 묘비명과 함께······. 피터의 죽음으로 베를린 사람들은 분노했다. 통일이 되고, 피터가 사망한 지 35년이 지난 후에 당시 총격을 가했던 동독 병사들이 체포되고 재판을 받았다. 세 명 중 한 명은 이미 사망한 후였기에 두 명 중 누가 피터에게 치명상을 입혔는지 밝혀내고자 했으나 실패했다. 언론들은 서베를린 경비를 담당하던 미군 측에서도 피터를 도와주는 어떤 행위도 하지 말라는 명령이 있었다는 사실을 밝혀냈다. 노년의 두 병사는 재판 과정에서 자신들의 잘못을 진심으로 뉘우치고 반성했다.

보론 기억의 도시, 베를린

(좌) 피터 페히터 추모비
(우) 관광 상품이 된 동독의 자동차 트라비

1961년부터 1989년까지 베를린 장벽을 넘으려다 총에 맞거나 사고를 당하거나 혹은 스스로 목숨을 끊은 희생자 수는 약 140명에 달한다. 베를린 장벽의 흔적을 따라가다 보면 그런 사건이 일어났던 장소에 추모의 조형물이 놓여 있다. 한반도처럼 내전을 겪지 않았지만, 전쟁에 패한 후 그 형벌로 두 체제로 나뉜 구조적인 분단 자체도 희생자를 초래했다. 냉전의 아픈 역사였다. 베를린은 그들 역시 과거 독일이 불러온 세계 대전의 여파로 생겨난 희생자들로 기억하고 추모하고 있는 것이다.

독일의 통일은 동독 사람들에 의해 이루어졌다. 1989년 베를린 장벽 붕괴는 동독에서 서독으로의 여행과 이주의 자유화이자, 동독 사회의 본격적인 개혁을 의미했다. 동독 사람들은 자신들의 사회를 바꾸고자 서독 체제를 받아들이기로 결정한 것이다.

문제는 독일연방공화국으로 재편되는 과정에서 나타났다. 체제 전환의 주도권을 서독인들이 가져갔기 때문이다. 동독 주민들은 재교육의 대상이 되었고, 주요 노동력인 젊은 사람들은 서독으로 급하게 빠져나갔다. 동독에서 생산되었던 물건들은 폐기 처리되었다. 그중에는 사회주의권에서 가장 앞섰던 동독의 자동차 트라비도 있었다.

한때 동독 사람들에게 부의 상징이었고, 주문 후 한참을 기다려야 살 수 있었던 자가용이었지만, 서독의 골프Golf, 벤츠Benz나 베엠베BMW 등 고급 자동차는 따라갈 수 없었다. 심지어 통일 직후 고속도로에서 앞차를 추월하려던 트라비가 반대편 서독 차량의 속도를 미처 감안하지 못해 사고가 발생하기도 했다. 많은 사람들이 무용지물이 되어 버린 트라비를 버리고, 머릿속에서 지웠다.

하지만 현재 베를린에서 트라비는 동독의 추억을 싣고 달리는 관광 상품이 되었다. 거구의 독일 사람들이 타기에는 너무 작아 보이고, 어디 부딪히기라도 하면 으스러질 것 같은 작고 앙증맞은 트라비는 이제 동독인이 아닌 관광객의 손바닥 체온을 느끼며 과거 장벽이 있던 지역들을 안전한 속도로 달리곤 한다.

통일 후 동독의 역사와 문화는 청산의 대상이 되거나 잊혀 갔다. 감시와 통제를 담당하던 보안 기관인 슈타지STASI는 동독 사회주의 독재 체제의 상징으로 그 실체가 낱낱이 밝혀졌고, 대표적인 청산 대상으로 여겨져 박물관에 박제되었다. 동독에서 유행하던 노래들은 알려진 게 거의 없다. 몇 대 남은 트라비 정도가 관광 상품으로서 활용 중이다.

통일이 진행되는 과정이 서독인들 중심으로 이어지자, 동독 사람들 사이에서는 오스텔지아Ostalgie 정서가 등장했다. 동독 시절을 그리워한다는 표현이다. 동서독 사람들 간에 마음의 장벽이 만들어졌다는 비판도 이어지고 있다. 그만큼 냉전으로 나뉘어졌던 두 사회가 다시 하나의 국민 정체성으로 거듭나는 것은 긴 시간이 필요하다는 것이다. 그래서 독일은 통일 30년이 지난 현재도 통일은 지속적인 과정이지 완성품이 아니라고 이야기한다.

독일의 독특한 건널목 신호등인 암펠만Ampelmann은 어쩌면 과정으로서의 동서독 통합을 가장 잘 함축하고 있는 상징물이 아닐까 한다. 모자를 쓴 앙증맞은 사람이 걷고 있는 모양의 초록색 램프. 베를린을 대표하는 기념품 중의 하나

(좌) 암펠만 신호등
(우) 베를린의 북한 대사관

이기도 한 이 암펠만은 사실 동독에서 사용하던 모델이다. 통일 이후 동독의 유물로 폐기되지 않고 오히려 통일 독일에 널리 퍼져서 애용되고 있다. 그리고 통일 후에 태어난 세대들은 암펠만이 동독에서 유래한 것인지도 인식하지 못하고 있다. 마치 분단 시대를 더 이상 생각하지 않는 것처럼. 이 세대들에게 동서독 간의 마음의 장벽이나 문화적 차이는 서서히 무색해지고 있는 것도 사실이다. 암펠만의 걷는 모습처럼 통일 독일은 앞으로도 계속 걸어갈 것이다.

6. 베를린의 서울과 평양

동서독 분단 시기 동독은 북한의 전후 복구부터 우호적 관계를 유지했었다. 동베를린에는 북한 대사관이 있었고 그것이 동백림 사건의 빌미가 되기도 했다. 1990년 통일이 되자 통일 독일은 북한과의 수교를 끊었다가 2001년에 다시 수교를 맺었다. 본에 있던 대한민국 대사관도 1999년 옮겨 왔으니, 베를린은 현재 남북한 대사관을 모두 가진 도시인 셈이다.

남북한 관계가 좋았던 2018년과 2019년 하노이 북미정상회담 결렬 시기까지 베를린에서는 남북한 대사의 만남이나 남북 핸드볼 단일팀 경기 합동 응원전 등 만남의 기회들이 있었다. 하지만 남북 관계가 경색되면 북한 대사관 측과의 접촉이나 협력은 불가능해진다. 화합의 상징 도시인 베를린에는 남북한의 만남이 잠재되어 있지만, 한반도 분단은 베를린 현지에서도 재생산되고 있는 셈이다. 그러나 경계가 사라진 베를린은 남북한의 만남을 주선할 평화 도시 네트워크의 중재자 역할을 충분히 할 것이다.

1990년대는 동서독이 체제 통일을 이루려는 한 해였다. 세계적으로 냉전 체제가 해체되고 새로운 국제 질서로 재편되는 전환기였던 것이다. 한반도에도 탈냉전의 바람이

붙었다. 갈라졌던 민족이 만나고자 하는 열망도 분출했다. 그러나 남북 정부 당국 간에는 긴장 관계가 유지되고 있기에 민간 주도로 남북한 사람들과 해외동포까지 참여한 행사를 기획하고자 했다. 1988년 이미 한국의 재야 인사들이 범민족대회 준비위를 구성했었고, 북측에서는 조국평화통일위원회(조평통)가 결성되어 범민족대회 준비를 위한 모임을 제안했다. 그 첫 모임 장소가 베를린이었다. 그러나 아쉽게도 한국 정부는 1989년 평양에서 개최된 세계청년축전에 임수경 씨를 비롯한 문익환 목사, 황석영 소설가, 서경원 의원 등이 정부 허락 없이 참가한 사건을 계기로 공안 정국을 형성했다.

결국 1990년 베를린에서 열린 범민족대회 1차 실무회담에는 해외동포들과 북측의 조평통 관계자들만 참석했다. 그리고 그해 8월 15일 범민족대회는 서울과 평양 두 군데로 나뉘어 개최되었는데, 대부분의 해외동포 단체들은 평양으로 향했다. 재독 한인들도 유럽 동포팀을 꾸려 참가함은 물론, 판문점에서 통일을 기원하는 합토제를 진행했다. 한국 광주 망월동에서 가져온 흙과 북한 평양 열사릉에서 가져온 흙을 합쳐 나무를 심었다. 그 합토제를 위해 북측에 요청하여 돼지머리를 올린 제사상을 차렸는데, 당시 합토제를

(위) 베를린에서 구상했던 범민족대회 1차 실무회담
(아래) 베를린 미테구에 세워진 평화의 소녀상

주도했던 교민의 증언에 따르면, 북측 관계자들은 제사상을 차려 본 적이 없어서 돼지머리를 준비하느라 곤욕을 치렀다고 한다. 당시 합토제 때 심은 통일나무는 지금쯤 거목이 되었을 텐데, 독일 교민들은 그 나무가 무럭무럭 자라고 있는지 궁금해하고 있다.

베를린에서는 1990년대 초반부터 일제의 위안부 문제를 전쟁과 여성 인권의 문제로 접근하는 연대 활동이 진행되었다. 베를린 거주 재독 일본 여성들과 언론인, 그리고 인권과 평화를 추구하는 독일 여성 모임뿐 아니라 이주민 인권 단체들이 재독 한인 여성 모임과 코리아 협의회 등의 한인들과 협력했다. 영화제도 개최하고, 위안부 할머니들을 초청하여 증언을 듣고 국제 재판에 회부되도록 노력했다. 그렇게 지속적인 활동을 해오던 중, 2016년 5월 4일 베를린을 방문한 일본 총리에게 위안부 문제에 대한 사죄를 요구하기 위해 이들은 거리로 나섰다. 당시 아베 총리를 비롯한 수행단과 일본 기자들이 머물기로 한 숙소인 베를린 인터콘티넨탈 호텔 앞에 가서 그들이 오기를 기다리며, 현수막과 팻말을 들고 구호를 외치며 행인들에게 전단을 나누어 주었다. 전쟁 범죄에 대해 거듭 사과하고 학살의 희생자를 추모하는 현장인 베를린에서 아시아 지역에서 전쟁 범죄를

보론 기억의 도시, 베를린

저지른 일본에게 사과를 요구하는 이들의 연대 활동은 큰 의미를 지닌다.

2020년 9월 28일 베를린의 중심 지역인 미테구 주택가의 한 모퉁이, 아담한 공원 앞 누구나 지나가며 물을 마실 수 있는 식수터 옆에 평화의 소녀상이 세워졌다. 한국에서 보내 준 소녀상이 독일 공공장소에 최초로 놓인 것이다. 우여곡절이 많았다. 민간 차원에서 하는 일에 대해 일본은 외교력을 총동원하여 방해했다. 한일 정부 간에는 이미 해결된 사안이라며, 독일 공공장소에 소녀상을 허락할 경우 일본과의 관계가 악화될 거라며 지역 구청과 주요 정치인들을 압박했다. 미테구청장은 일본 외교부의 주장과 압력을 무시하지 못하여 막판에 소녀상 건립을 취소하려 했다. 하지만 그동안 함께 활동했던 다양한 인권 단체들이 응원하고 협조하기에 이른다.

인권 단체들은 평화의 소녀상이 한국 문제로 국한되는 것이 아니라 전쟁 범죄와 여성 인권을 상기시키는 상징적 예술품이기에 애초 약속했던 대로 전시되어야 한다는 주장을 굽히지 않았다. 독일 내 현역 또는 은퇴 정치인들과 무엇보다 여성 및 소수자 인권을 위하는 단체들이 협력하여 마침내 미테구청과의 협상을 긍정적으로 이끌어 낼 수 있었다.

평화의 소녀상 개막식에는 많은 사람들이 함께 와서 축하해 주었다. 유럽에서 일본은 한국보다는 높은 위상을 유지해 왔다. 제2차 세계 대전의 전범국이기보다는 핵폭탄 피해를 가장 먼저 입은 나라로서 추모된다. 독일 주요 도시마다 히로시마 플라츠라는 이름을 가진 광장이 있는데, 이는 당시 원폭 피해자들을 기리기 위해 붙여졌다. 독일과 연대하여 세계 대전을 주도했지만 일본이 전범국이라는 이미지는 유럽에서는 찾아보기 힘들다.

혹자들은 여전히 의문을 가진다. 독일은 전범국에 대한 처벌로 분단이 되었는데, 아시아에서는 어째서 일본이 아니고 한반도가 분단이 되었는가? 베를린에 세워진 평화의 소녀상은, 일제 식민지가 한반도 분단과 무관하지 않음을 상기시켜 줌과 동시에 한반도와 아시아 평화를 위한 성찰과 화해의 실천이 필요함을 조용히 말해 주고 있다.

2019년, 베를린 장벽 붕괴 30주년을 맞는 해에 한반도 종전과 통일을 염원하는 평화 행진이 열렸다. 7월 26일 한국전쟁 휴전일에 맞추어 열린 행사였다. 뙤약볕이 내리쬐는 어느 여름날, 베를린 중심가인 포츠다머 플라츠에서 출발하여 홀로코스트 추모 공원을 돌아 브란덴부르크 문 광장까지 걸어가는 열정적인 행사였다. 행진의 선두에는 한국

2019년 7월 26일, 한반도 종전과 통일을 위한 평화 행진

의 풍물패와 베를린 시민 악단들로 구성된 브라질리안 드럼밴드가 섰다. 한국의 꽹과리, 북, 징, 태평소 리듬이 남미의 북 울림과 어우러졌다. 웅장한 남미의 북소리가 거리를 진동시켰다. 한국의 풍물악은 물론 전통 춤사위도 활기차고 화려하게 거리를 수놓았다. 이 행사를 위해 한국에서는 김덕수 사물놀이패가 와서 베를린 풍물패 단원들과 한국악기 연주와 전통무를 담당했다. 김덕수 선생은 20여 년 전부터 재독 한인 2세와 시민들에게 사물놀이를 전수하기 위해 베를린과 인연을 맺어왔다. 젊은 세대들이 〈One Korea〉가 적힌 현수막을 들고 뜨거운 아스팔트 위를 힘차게 걸었

다. 칠순을 넘긴 1세대 한인 교포들도 평화의 손을 흔들며 고국의 하나 됨을 기원하는 발걸음을 내딛었다. 베를린 거리는 한반도 평화와 연결되어 있었다.

7. 인간과 자연의 다양성 공동체: 베를린이 전하는 또 하나의 열망

베를린은 현재 가장 힙한 국제 도시로 거듭나고 있다. 독일인들 사이에서는 가장 독일스럽지 않은 지역이 베를린이라고 할 정도이다. 예술가들이 전 세계에서 몰려들고 다양한 인종과 문화가 공존하는 생동하는 도시로 커나갔다.

2003년 클라우스 보베라이테 베를린 시장은 베를린을 〈가난하지만 섹시한〉 곳이라고 불렀다. 통일 독일의 수도로 다시 성장하는 와중에도 저렴한 월세와 생활비로 인해 가난한 예술가들이 찾아와 창의적인 상상력에 색감을 입히는 캔버스가 되었기 때문이다.

서울의 1.5배나 되는 거대한 관할 구역에 사는 350만의 시민들은 녹지 50퍼센트의 주거 환경을 삶의 질을 지키는 중요한 권리로 여기며, 다양한 문화의 공존을 도시의 정체성으로 여기는 관용을 보여 주기도 한다.

가장 화려한 거리 중 하나인 쿠담 거리에 세워진 조형물 「베를린」은 한때 이어진 듯 끊어진 분단된 동서 베를린을

(위) 베를린 쿠담 거리의 조형물「베를린」
(아래 좌) 베를린시의 상징인 곰
(아래 우) 담쟁이로 둘러싸인 베를린의 한 아파트

상징했었다. 그 너머로 전쟁으로 훼손된 카이저 빌헬름 기념 교회가 서서 지난 역사의 흐름을 담고 있다. 이들 상징물들은 베를린의 역사는 그렇게 이어져 있다가도 거듭 단절을 겪어 왔음을 잘 보여 준다.

현재 베를린의 마스코트는 2002년부터 도시의 상징물이 된 곰이다. 이 곰은 단색의 조형물이 아니라 다양한 색깔과 그림을 가지고 베를린 도처에 서 있다. 다양한 색상과 문양이 새겨진 곰들은 다양한 종교와 문화 공동체들 사이의 관용과 평화를 상징하며, 이러한 가치를 세상에 널리 퍼뜨리고자 하는 의미를 담고 있다. 마치 한반도의 식민지 역사와 분단의 상처를 껴안듯이, 베를린은 다양성을 품은 도시인 것이다.

주말이면 태국 사람들이 개척한 국제 음식 장터가 도심의 큰 공원인 프로이센파크에서 열리기도 하고, 나치에 의해 처참히 학살당했던 성소수자들이 이제는 자신들의 정체성과 권리를 위해 퍼레이드를 벌이기도 한다. 이처럼 다양한 인간 공동체의 모습은 자연을 품에 안은 생태적 삶으로도 나타난다.

주거 지역에는 그 구역 사람들이 산책하거나 사색하고 계절별로 여유로움을 만끽할 수 있는 공원 녹지들이 반드시 들어서 있다. 도시 중심에는 슈프레강이 흐르고, 크고 작은 숲속의 호수들이 신선한 공기와 휴식을 허락한다. 그래서 강변 아파트 중에는 벽을 타고 담쟁이 넝쿨이 올라가는 곳도 있고, 정원 뒤에 거대한 나무들을 키우는 곳도 있다. 베를린에서 고급 주택이 몰려 있기도 한 남서쪽 구역에도 건물을 세우는 개발 정책 대신 지역 주민들이 자연과 농촌 체험을 할 수 있도록 거대한 농장을 그대로 유지하기도 한다.

이렇듯 분단에서 통일로 통합된 도시 베를린은, 분단 한반도의 각각의 수도 서울과 평양에 또 다른 영감을 주는 듯하다. 역사에 대한 올바른 인식을 바탕으로 다름이 인정되는 다양성의 사회적 공동체, 자연과 보편적 인간이 더불어 살 수 있는 상호존중의 관용을 품은 정서적 공동체. 그것은 이상이 아니라 평화 도시들의 현재 진행형인 열망인 것이다.

참고문헌

국문 자료

- 국가정보원,「(과거와 대화) 미래의 성찰: 국정원 진실위 보고서 총론 I」, 국가정보원, 2007 (http://forumtj.org/report/210?ckattempt=1)
- 권성호 외,『무엇이 학교 혁신을 지속가능하게 하는가?: 독일, 미국, 한국 학교 혁신의 힘』, 맘에드림, 2015.
- 김용출,『독일 아리랑』, 북랩, 2015(2006)
- 김용환 편저,『윤이상 연구』, 한국예술종합학교 한국예술연구소, 1995
- 루이제 린저, 윤이상,『윤이상: 상처 입은 용』, 알에이치코리아, 2017
- 박선욱,『윤이상 평전: 거장의 귀환』, 삼인, 2017
- 베르너 캄페터,「독일통일의 기적과 교훈」, FES-Information-Series 2010-06, Friedrich Ebert Stiftung, 2010
- 송두율,『불타는 얼음: 경계인 송두율의 자전적 에세이』, 후마니타스, 2017
- 오제연,「동백림 사건의 쟁점과 역사적 위치」,『역사비평』 119호, 2017, 116~159면
- 윤신향,『윤이상 경계선상의 음악』, 한길사, 2005
- 윤이상,『여보, 나의 마누라, 나의 애인』, 남해의 봄날, 2019
- 이삼열,「독일에서의 민주화운동: 민주화사회건설협의회를 중심으로」, 민주화운동기념사업회, 2016
- 이수자,『내 남편 윤이상(상·하)』, 창작과 비평사, 1998
- 재독한국여성모임,『독일이주여성의 삶. 그 현대사의 기록』, 당대, 2014

- 정정·김현철,「한국-독일 학교 교사 인식에 기초한 소통 중심 미래교육 탐색」,『교육철학』56, 2015, 1~33면
- 홍은미 외 지음,『윤이상의 음악세계』, 한길사, 1991

외국어 자료

- Appadurai, Arjun, "The Capacity to Aspire: Culture and the Terms of Recognition." In *Culture and Public Action*, edited by V. Rao and M. Walton, 59 – 84. Stanford, CA: Stanford University Press, 2004
- Bell, Daniel A. & Avner de – Shalit, *The Spirit of Cities: Why the Identity of a City Matters in a Global Age*, Princeton University Press, 2011
- Bhabha, Homi K, *The Location of Culture*, London: Routledge, 1994
- Borneman, *John, After the Wall: East Meets West in the New Berlin*, NY: Basic Books, 1991
- Borneman, John, *Belonging in the Two Berlins: Kin, state, nation*, NY: Cambridge University Press, 1992
- Bourdieu, Pierre, *The Field of Cultural Production*, Cambridge, UK: Polity Press, 1993
- Carter, James Bucky Ph.D, "Introduction: Context and Content (The Contact Zone in Historical Curricular Context and Relation to Contemporary Literacies)", *SANE journal: Sequential Art Narrative in Education:* Vol. 1: Iss. 1, Article 1, 2010. http://digitalcommons.unl. edu/sane/vol1/iss1/1
- Clifford, James, *Routes: Travel and Translation in the Late Twentieth Century*, Cambridge, London: Harvard University Press, 1997
- Deleuze, Gilles, and Félix Guattari, *A thousand plateaus: capitalism and schizophrenia*, London: Athlone Press, 1988
- Friedmann, John, "The World City Hypothesis." *Development and Change* 17: 69 – 83, 1986
- Friedmann, John, "Where We Stand: A Decade of World City

Research." In *World Cities in a World-System*, ed. Paul L. Knox, 21–47. Cambridge: Cambridge University Press, 1995

- Geertz, Clifford, "Thick Description: Toward an Interpretative Theory of Culture." In *The Interpretation of Cultures*, New York: Basic Books, 1973

- Heister, Hanns–Werner/Sparrer, Walter–Wolfgang (Hg.), *Der Komponist Isang Yun*, München: edition text + kritik, 1987

- Jung, Jin–Heon, *Migration and Religion in East Asia: North Korean Migrants'Evangelical Encounters*, Global Diversities Series. New York: Palgrave Macmillan, 2015

- Kim, Jeongmee, *The Diasporic Composer. The Fusion of Korean and German Musical Cultures in the Works of Isang Yun*, Diss. phil., University of California, Los Angeles, 1999

- Kim, Seokyung, *Integration of Eastern and Western Music: An Analysis of Selected Flute Works by Korean Composer, Isang Yun*, D.M.A., University of Cincinnati, 2003

- Oh, Seung Eun, *Cultural Fusion in the Music of the Korean–German Composer Isang Yun: Analysis of "Gasa für Violine und Klavier" and "Sonatina für 2 Violinen"*, D.M.A., University of Houston, 1999

- Ong, Aihwa, "Cultural Citizenship as Subject–Making: Immigrants Negotiate Racial and Cultural Boundaries in the United States." *Current Anthropology*, 37(5):737–762, 1996

- Pratt, Mary Louise, *Imperial Eyes: Travel Writing and Trans-culturation*, New York, London: Routledge, 1992

- Ryang, Sonia, "Visible and Vulnerable: The Predicament of Koreans in Japan" in Ryang, Sonia and John Lie (eds.) *Diaspora without Homeland: Being Korean in Japan*, University of California Press, 2009

- Safran, William, "Diasporas in modern societies: Myths of homeland and return". *Diaspora* 1:83–99, 1991

- Sassen, Saskia, *The Global City: New York, London, and Tokyo*,

Princeton, NJ: Princeton University Press, 1991

- Sassen, Saskia, "The Global City: Strategic Site / New Frontier." *American Studies* 41, nos. 2–3:79–95, 2000

- Shin, Kyoung–ho, and Michael Timberlake, "Korea's Global City: Structural and Political Implications of Seoul's Ascendance in the Global Urban Hierarchy." *International Journal of Comparative Sociology* 47, no. 2:145–73, 2006

- Sparrer, Walter – Wolfgang, *Isang Yun: Leben und Werk im Bild*, Wolke V. –G, 2020

- Turner, John W, "Performing Cultural Hybrydity in Isang Yun's Glissées pour violoncelle seul (1970)." in: *Music Theory*, Vol. 25, 2019, No. 2, July 2019 (http://www.mtosmt.org/issues/mto.19.25.2/mto.19.25.2.turner.php)

- Vertovec, Steven, "Three Meanings of Diaspora, Exemplified among South Asian Religions", *Diaspora* 6(3):277–299, 1997

- Williams, Raymond, *The Country and the City*, London: Chatto & Windus, 1973

- Willis, Paul E, *Learning to Labour: How Working Class Kids Get Working Class Jobs*, Farnborough, Eng: Saxon House, 1977

- Yun, Isang, Über meine Musi k. Vier Vorlesungen im Rahmen der Gastprofessur für Poetik an der Hochschule für Musik und darstellende Kunst "Mozarteum" in Salzburg, Mai 1993. I. Philosophie; II. Ästhetik; III. Klangsprache; IV. Kompositionstechnik. Dokumentation mit CD, Salzburg, 1994

지은이 **정진헌** 미국 일리노이대학교에서 문화인류학 박사 학위를 취득했다. 독일 막스플랑크 종교와 민족다양성 연구원에서 책임 연구원이자 서울랩 코디네이터로 근무하며, 이주-난민과 종교, 도시의 열망 등과 관련한 프로젝트를 수행했고, 베를린 자유대학교 한국학과 사회통합연구 분과장을 역임했다. 현재 국립통일교육원에서 평화와 사회통합 분야를 담당하고 있으며, 독일 베를린 자유대학교 한국학과 겸임교수, 프랑크푸르트 괴테대학교 외래교수, 한림대학교 일본학연구소 인문학플러스 공동연구원을 겸하고 있다.

주요 저서로는 *Migration and Religion in East Asia*(2015), *Building Noah's Ark for Migrants, Refugees, and Religious Communities*(공저, 2015),『독일 한인이주여성의 초국적 삶과 정체성』(공저, 2021),『통합, 그 이후를 생각하다』(공저, 2021),『구술생애사를 통해 본 5·18의 기억과 역사 11: 독일편』(2021) 등이 있다.

손안의 통일 ⑮

베를린에서 만난 서울과 평양

발행일   2021년 12월 30일 초판 1쇄

지은이   정진헌
발행인   홍예빈·홍유진
발행처   주식회사 열린책들

경기도 파주시 문발로 253 파주출판도시
전화 031-955-4000 팩스 031-955-4004
www.openbooks.co.kr

Copyright (C) 정진헌, 2021, *Printed in Korea.*
ISBN 978-89-329-2199-0 04300 ISBN 978-89-329-1996-6 (세트)